CORPORATE
FINANCING

企业融资
从天使投资到IPO

廖连中◎著

清华大学出版社
北京

内 容 简 介

本书详细介绍了6种股权融资模式：天使投资、股权众筹、VC投资、PE投资、新三板以及IPO。理论讲解和案例模板非常值得需要摆脱资金困境的创业者学习。

本书提供了详细的融资操作指导，包括融资之前的心理准备、法律准备、股权准备以及财务准备、如何撰写融资计划书、如何制定 Term Sheet 核心条款等。这些都是具有可操作性的内容，可以帮助创业者有效融资。

另外，本书详细介绍了IPO三大方式、具体流程以及注意事项，还有上市企业如何进行战略扩张，这些对于谋求上市的企业来说是必须学习的内容。

图书在版编目(CIP)数据

企业融资：从天使投资到IPO / 廖连中著. — 北京：清华大学出版社，2017（2024.3重印）

    ISBN 978-7-302-46916-2

    Ⅰ.①企… Ⅱ.①廖… Ⅲ.①企业融资 Ⅳ.①F275.1

中国版本图书馆 CIP 数据核字(2017)第 074334 号

责任编辑： 刘　洋
封面设计： 李召霞
版式设计： 方加青
责任校对： 宋玉莲
责任印制： 沈　露

出版发行： 清华大学出版社
      网　　　址：https://www.tup.com.cn，https://www.wqxuetang.com
      地　　　址：北京清华大学学研大厦 A 座　　　　邮　　编：100084
      社 总 机：010-83470000　　　　邮　　购：010-62786544
      投稿与读者服务：010-62776969，c-service@tup.tsinghua.edu.cn
      质 量 反 馈：010-62772015，zhiliang@tup.tsinghua.edu.cn
印 装 者： 三河市东方印刷有限公司
经　　销： 全国新华书店
开　　本： 170mm×240mm　　　**印　张：** 16.75　　　**字　　数：** 263 千字
版　　次： 2017 年 8 月第 1 版　　　**印　次：** 2024 年 3 月第 18 次印刷
定　　价： 59.00 元

产品编号：074096-01

前　言

对初创企业来说，上市显得有些遥远，但融资却是当下最需要解决的事情。融资之前需要准备很多事情，然后才是找投资人。如果能够说服投资人给你投钱，那么融资基本上就不成问题了。说起来简单，事实上，融资的过程却是复杂又艰难的。

创业者面对的首要问题就是到底什么时候是最合适的融资时机。对此，阿里巴巴创始人马云是这样说的："你一定要在你很赚钱的时候去融资，在你不需要钱的时候去融资，要在阳光灿烂的日子修理屋顶，而不是等到需要钱的时候再去融资，那你就麻烦了。所以，在你不需要钱的时候去融资，这就是融资的最佳时间。"所以说，在公司还撑得下去的时候，你就应当着手准备融资事项了。

确定了融资计划，创业者就要开始为寻找合适的投资人发愁了。因为大部分创业者都是第一次创业，人脉资源比较少，苦于找不到投资人也是很正常的。

但是，如果可以报名参加创业孵化器路演，这将是一个不错的接近投资人的机会。创业孵化器路演活动由创业孵化器主办，邀请了众多创业导师、天使投资人作为嘉宾，符合条件的创业者可以报名参与。路演时，创业孵化器一方作为主持人，创业者负责对自身项目的市场前景、商业模式、团队情况等进行讲解，创业导师、投资人会与之交流，探讨项目。

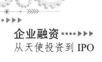

不过,参加创业孵化器路演有一些技巧,包括讲解PPT要尽量简明扼要、讲述自己的创业故事引发投资人的兴趣、提前预测投资人的提问并想好如何回答等。

另外,最常见的联系投资人的方法是将商业计划书发送到投资人的邮箱里。一般情况下,业内著名投资人的邮箱都是对外公开的,创业者可以通过报纸、网络等获取投资人的邮箱地址,然后将商业计划书发给投资人。

关于商业计划书的撰写,本书第3章进行了详细介绍。创业者可以根据发给投资人的不同对商业计划书做不同的调整,让投资人明白这是专门发送给他的,而不是统一的模板。

尽管这种联系方式的有效性远远低于线下路演,但通过自己的努力和坚持,用邮件联系陌生投资人最终拿到大笔天使投资的创业者大有人在。

关于融资过程中的一系列难题,本书进行了系统的讲述。除了如何联系投资人,还有创业者应当提防的投资人类型,如何制定对自身有利的投资条款清单等。无论你的公司刚刚成立,还是已经有了初步发展,或是已经发展成为中小型企业,都可以在本书找到适合你的融资方式以及融资方法。

本 书 特 色

1. 系统性强、内容全面

本书系统性强、内容全面,详细讲述了天使投资、股权众筹、VC投资、PE投资、新三板、IPO等多种股权融资方式,重点介绍了IPO的三大方式、流程以及红线,对于计划IPO的各大企业领导者具有很强的借鉴意义。

2. 图文并茂,条理清楚

大量的理论读起来不仅枯燥,而且会产生视觉疲劳感。本书加入了大量图片,对晦涩难懂的理论知识有辅助性理解作用。另外,本书的图片直观清晰地梳理了内容的逻辑关系,目的就是帮助读者理解与记忆。

3. 时效性强,借鉴价值高

本书讲述了新兴的融资方式——新三板,为创业者选择融资方式提供了另一种渠道。另外,本书所使用的案例都是新近发生的具有代表性的案例,具有很强的时代特征，对创业者有很大的借鉴意义。

本书内容及体系结构

第1～2章：讲述创业者融资之前应当对资本市场的认识、了解以及心理、法律、股权和财务方面的准备。

第3～4章：讲述如何撰写让投资人一见倾心的商业计划书以及如何看懂投资人表明投资意向的投资条款清单。

第5～9章：讲述企业上市之前的股权融资方式，包括天使投资、股权众筹、风险投资、PE投资、新三板融资等。

第10～12章：讲述企业上市的3种方式、上市流程以及上市需要了解的红线和被否原因。

第13章：讲述企业上市后的扩张战略，包括兼并与收购、多元化经营以及一体化战略。

本书读者对象

- 创业者、融资者
- 企业家以及公司管理层
- 高校财经相关专业师生
- 对企业融资感兴趣的其他人群

参与本书编写工作的有庄庆威、何永洁、郭玉姣、赵珂、姚然云、庄玉花、杨芹、陈卓、刘小艳、张蕊、袁媛、廖连中、魏远芳、张倩、马振新、王辉、张翊、王浩等，在此一并感谢。

目　录

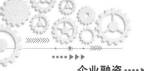
63　第 3 章　如何撰写商业计划书

85　第 4 章　Term Sheet 核心条款详解

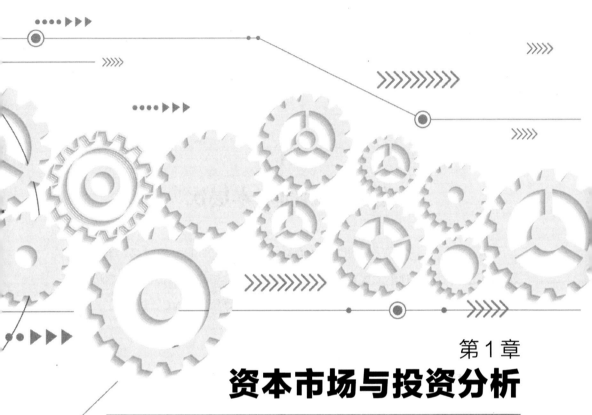

第1章
资本市场与投资分析

　　创业者试图获得投资人的投资，也就是从资本市场里拿到钱，首先需要对资本市场和投资行为有一个清晰的认识。在资本市场里，不同的创业者有不同规模的创业公司，主体特征和融资规模也各有不同。这就决定了他们存在着对资本市场金融服务的不同需求。融资金融服务的多样化需求决定了资本市场是一个多层次的市场体系，我们将其分为企业初期和企业中后期两类，本章将具体讲述资本市场的多层次结构。

1.1

企业初期的资本层次

新三板越来越火，企业也争相加入。不可否认，上市融资是一种非常有效的融资方式，但对于发展初期的企业来说，门槛毕竟有些高。我们不妨先了解一下企业初期的资本层次，比如天使资本、众筹资本、VC、PE 等。

1.1.1 天使资本：初创企业的启动资金

天使资本一般由富有的个人直接向初创企业投资，这是风险资本的一种，但与风险投资有明显区别。天使资本的投资对象常常是一些尚处于构思状态的原创项目或者小型初创企业。天使投资的门槛较低，有时即便是一个创业构思，只要有发展潜力，就能获得资金，而风险投资一般对这些还未成型的创业构思兴趣不大。

在产品和业务还没有成形的时候，天使投资人就已经把资金投入进来。其实，在做投资决定时，天使投资人非常看重创业团队。如果他们对创业者的能力和创意深信不疑，就会向创业者提供资金帮助。而且天使投资的资金范围非常广，从几百万元到几千万元。

天使投资对创业公司的作用重大，而天使投资的回报也是非常可观的。按照阿里巴巴上市时的估值计算，其天使投资人孙正义 2 000 万美元投资获得股份的估值约 580 亿美元，孙正义也因此重新成为日本首富。

天使投资现在共有 5 种模式，包括天使投资人、天使投资团队、天使投资基金、孵化器型的天使投资、平台型天使投资等，如图 1-1 所示，下面分别作具体介绍。

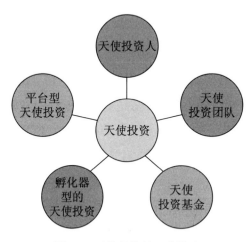

图 1-1　天使投资的 5 种模式

1. 天使投资人

天使投资人大多是有一定财富积累的企业家、成功创业者、VC 等，这些人在投资后积极为公司提供战略规划、人才、公关、人脉资源等增值服务，是早期创业者的重要支柱。

随着天使投资的发展，李开复、雷军、马化腾等现阶段著名的天使投资人越来越多。国内成功的民营企业家逐渐发展成为天使投资的主力军。除此之外，手头有闲置资金的律师、会计师、企业高管以及行业专家等也在做天使投资。

2. 天使投资团队

天使投资人模式有一定的局限性，比如项目来源少、个人资金实力不够大、投资经验不足等。于是，一些天使投资人开始组织在一起，做成由几十位天使投资人构成的天使俱乐部或天使联盟。

天使投资团队有非常多的优势，比如汇集项目来源、成员之间分享行业经验和投资经验等。有一些天使投资团队的联系非常紧密，还会通过联合投资

的模式对外投资。典型的天使投资俱乐部和天使联盟包括上海天使投资俱乐部、深圳天使投资人俱乐部、亚杰商会天使团、K4 论坛北京分会等。

3. 天使投资基金

随着天使投资的进一步发展，产生了天使投资基金等机构化天使投资模式。有些资金充足、活跃于创投圈的天使投资人设立了天使投资基金，进行专业化运作，比如，新东方董事徐小平设立的真格天使投资基金。

另外，还有一类天使投资基金与 VC 形式相同，但是投资规模较小。这些基金的资金来源是从企业、外部机构、个人那里募集的，比如创业邦天使基金、联想之星创业投资等。

天使投资基金的资金规模一般为几千万元，单笔投资额度为数百万元左右。他们经常与 A 轮 VC 联合投资，通常是作为领投，要求进入董事会。

4. 孵化器型的天使投资

创业孵化器一般建立在各个地区的科技园区，主要为初创公司提供启动资金、廉价的办公场地、便利的配套措施以及人力资源服务等。在企业经营方面，孵化器还会给创业公司提供各种帮助。

我国科技部办公厅发布的《科技企业孵化器认定和管理办法》指出："孵化器的主要功能是以科技型创业企业为服务对象，通过开展创业培训、辅导、咨询，提供研发、试制、经营的场地和共享设施，以及政策、法律、财务、投融资、企业管理、人力资源、市场推广和加速成长等方面的服务，以降低创业风险和创业成本，提高企业的成活率和成长性，培养成功的科技企业和创业家。"

美国硅谷的 Y Combinator 是全球最知名的创业孵化器。他们吸引了很多知名的天使投资人加入，孵化出的创业公司被其他天使、VC 争相投资。Y Combinator 对每个创业项目的投资不超过 3 万美元，占 5% 左右的股份。他们会给每一位创业者安排教练和创业课程辅助，但是不提供创业场地。

国内的创业孵化器也有了一定的发展，后续潜力巨大。典型代表是李开复成立的创新工场、天使湾创投的 20 万元 8% 聚变计划，以及北京中关村国际孵化器有限公司等。

5. 平台型天使投资

移动互联网的快速发展促使越来越多的应用终端和平台对外开放接口，这让创业团队可以基于自己的应用平台进行创业。比如，围绕苹果 App Store 的平台、围绕腾讯微信公众号的平台等，让很多创业团队趋之若鹜。

一些平台为了增强对创业者的吸引力，提升平台的价值，设立了平台型天使投资基金，给有潜力的创业公司提供启动资金。平台型天使投资基金不仅可以给创业公司提供资金支持，还会给他们带去丰富的平台资源。

平台型天使投资基金的典型代表有网龙公司与 IDG 设立的"mFund 移动互联网投资基金"、360 公司发起的"免费软件起飞计划"、新浪推出的"中国微博开发者创新基金"等。

1.1.2　股权众筹：参与者多，单笔金额小

股权众筹是一种新型融资渠道，是多层次资本市场的一部分。与传统创业融资环境中单一、门槛高的融资选择不同，股权众筹为很多有创意、无资金的创业者们提供了一种低门槛的融资方式。随着股权众筹的迅速走红，目前的互联网众筹平台成为互联网金融领域的大热风口。

股权众筹为中小型企业融资提供了另一种渠道。天使汇、人人投等股权众筹平台率先探索出股权众筹的交易规则，并创造出独特的众筹模式。作为多层次资本市场的重要部分，股权众筹不仅有利于创业者实现低门槛融资，还通过天使投资人推动了企业高速发展。下面总结了股权众筹的三个特点，内容如图 1-2 所示。

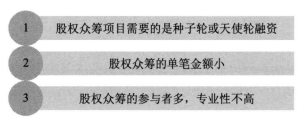

1	股权众筹项目需要的是种子轮或天使轮融资
2	股权众筹的单笔金额小
3	股权众筹的参与者多，专业性不高

图 1-2　股权众筹的三个特点

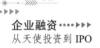
　　首先，股权众筹项目需要的是种子轮或天使轮融资。一些已经经过种子轮和天使轮融资的项目，接下来就需要进行 A 轮融资，而且估值相对较高，最后的结果往往是不能众筹成功。因为股权众筹平台一般不接受发展期甚至后期项目，他们只接受需要进行种子轮或天使轮融资的项目。

　　比如，大家投对项目的要求是还没有引入 A 轮风险投资，融资金额在 20 万～ 1 000 万元。深圳天使客股权众筹平台对项目的要求与大家投类似，把众筹项目的融资阶段定位在 TMT（Technology Media Telecon，未来互联网科技、媒体和通信）领域天使阶段和 Pre-A（介于天使轮和 A 轮之间）阶段。进行天使轮融资的众筹项目估值必须低于 1 500 万元，出让股份在 20% 左右。进行 Pre-A 轮融资的项目估值必须低于 4 000 万元，出让股份在 5% ～ 10%。

　　其次，股权众筹的单笔金额小。如果你的项目需要上千万元融资，那么就不适合进行股权众筹。以谷歌最神秘的项目 Google X 为例，如果要进行股权众筹，其动辄上亿元的融资需求是大多数投资人都承担不了的。如果每位投资人根据自己的能力投资几十万元，投资人数又将会超过中国证监会规定的 200 人上限，所以难以进行股权众筹。

　　因此，股权众筹要求项目的单笔融资金额要小。毕竟股权众筹还不是当前股权投资市场的主要渠道，如果融资额度太大，就会加大这种投资方式的风险，不利于后期发展。通过对众多股权众筹平台分析，我们认为股权众筹项目融资为 50 万～ 500 万元比较合适。

　　最后，股权众筹的参与者多，专业性不高。项目在股权众筹平台上线后，面对的是几千个甚至几万个普通投资人的挑选，最终由 200 个以内的投资人认购众筹金额。大多数投资人通过自己的分析判断在线上做出投资决定，而不是由传统的精英投资机构聘请专业分析人员来做行业分析，所以项目的专业性一般较低。如果项目过于晦涩难懂，普通投资人便不能做出投资判断。

　　总之，股权众筹是一个正值形成发展中的资本市场，大家应当抱以宽容的态度看待它。

1.1.3 VC：职业金融家为创业者提供持续的资金

风险投资（Venture Capital，VC），从广义上讲，风险投资泛指一切具有高风险、高潜在收益的投资；从狭义上讲，风险投资是指对以高新技术为主，生产与经营技术密集型产品的投资。而美国全美风险投资协会给风险投资的定义是"由职业金融家投入到新兴的、迅速发展的、具有巨大竞争潜力的企业中的一种权益资本"。

风险投资起源于 20 世纪六七十年代的美国硅谷，与传统的金融服务有很大的不同。风险投资家的投资决策建立在对创业者手中持有技术和产品认同的基础之上，不需要任何财产抵押，直接以资金换取创业公司的股权。

风险投资的主要投资阶段包括种子轮、天使轮、A 轮以及后续轮次的融资，其特点是高风险、高潜在收益，主要通过股份增值收益。目前市场上的风投机构有 DCM 资本、中国 IDG 资本、北极光创投、晨兴资本、红杉资本、今日资本、经纬中国、启明创投等。

在现代社会中，依靠着 VC 运作，英特尔、苹果、雅虎、IBM 和微软等公司的快速成长，改变了世界经济的格局，同时也创造出了一大批的世界级富豪来。风险投资家就像魔术师一样，他们凭借着自己的想法去投资，一开始拿出的 1 美元，经过一段时间后就能拿回 10 美元、100 美元甚至 1 000 美元。

风险投资模式大体可以分为四类，风险资本家、风险投资公司、产业附属投资公司、天使投资人，如图 1-3 所示。

图 1-3 风险投资模式

1. 风险资本家

风险资本家大多是从事风险投资的企业家。与其他风险投资人一样，他们通过投资来获得利润。不同的是，风险资本家的投资资本属于个人所有，不是受托管理的资本。比如，美团创始人兼 CEO 王兴以个人参投了摩拜单车。

2. 风险投资公司

风险投资公司种类多样，以风险投资基金为主。风险投资基金一般以有限合伙制为组织形式。摩拜单车的风险投资者愉悦资本、熊猫资本、创新工场等都属于风险投资公司。

3. 产业附属投资公司

产业附属投资公司大多是非金融性实业公司下属的独立风险投资机构。他们代表的是母公司的利益，主要投资一些特定行业。投资流程与传统风险投资相同。

4. 天使投资人

由于 1.1.1 小节中有详细讲解，这里不再赘述。

风险资本是资本市场的重要组成部分，在培植国家高新技术企业方面的作用是不可替代的，创业者需要重点了解。

1.1.4　PE：Pre-IPO时期的成熟企业

PE（Private Equity，股权投资，即"私募股权投资"）是指对具有成熟商业模式的未上市企业进行的股权投资。PE 和 VC 的不同之处就在于，VC 投资的是早期成长企业，而 PE 投资的是后期成熟企业。

VC 投资的项目可能已经初具规模，但是商业模式不够成熟，离上市还有很远的距离。大家经常看到的互联网行业中的投资项目大多属于 VC，这类项目的投资风险大，收益高；PE 投资的项目大多商业模式成熟，具有一定的规模，投资额往往在千万美元以上。比如，鼎晖投资 PE 机构对双汇项目投资 20

多亿元。

众所周知，传统实业投资的运作流程为原料采购→加工生产→销售回款。而 PE 投资的运作流程则开创了一条全新的资金运转流程，即从项目投资到项目管理，再到项目退出。

首先，PE 在金融货币市场募集资金，然后选择成长型的未上市公司，通过参股入资的方式进行战略投资。对创业公司来说，PE 不仅可以带来资金，还能带来先进的管理理念及资源，有助于公司实现成长扩张、兼并收购等。最后，PE 将会通过 IPO 的方式实现资产证券化和资本退出。PE 实现盈利的过程包括融、投、管、退 4 个步骤，内容如图 1-4 所示。

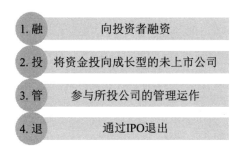

1. 融　向投资者融资

2. 投　将资金投向成长型的未上市公司

3. 管　参与所投公司的管理运作

4. 退　通过IPO退出

图 1-4　PE 实现盈利的过程

PE 在投后管理阶段中的介入程度是一门学问。一般来说，投资金额大小和所占股份比例大小决定 PE 在投后管理中需要花费的精力大小；创业公司需要的帮助越多，PE 应当投入的精力越多，但帮助仅限于重要决策而不是日常经营。当所投公司处于危难时，PE 应当积极帮助公司解决所出现的问题。

PE 青睐的企业主要分为三种：一是具有广泛市场前景的企业；二是商业模式先进的企业；三是有高水平管理团队的企业。

具有广泛市场前景的企业有三个特点：一是所处行业一般为成长期、成熟期；二是产品和服务处于市场导入期和成长期；三是市场具有巨大的发展空间，同时企业具有领导地位，例如，阿里巴巴、腾讯等。

商业模式先进的企业一般有清晰的战略定位、简单标准的业务系统、竞争优势的关键资源以及切实可行的盈利模式，比如，美特斯邦威、如家酒店、华谊兄弟等。

　　另外，企业还要有高水平管理团队的企业特色，即专业、诚信、专注、团结，例如，腾讯、如家、盛大等。

　　PE基金的运作方式也有三种，分别为信托制、公司制、有限合伙制，如图1-5所示。

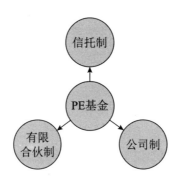

图 1-5　PE 基金的运作方式

1. 信托制

　　信托制 PE 基金由基金持有人出资设立，基金管理人以自己的名义为基金持有人的利益行使基金财产权，并承担受托人责任。信托制与有限合伙制类似，享有免税地位，但资金需要一次性到位，使用效率低。另外，信托制涉及信托中间机构，在一定程度上增加了基金的运作成本。

　　由于信托制通过信托公司进行资金募集，所以受到了严厉监管，即从一定层面上确保了资金的安全性。但是，因为以信托资金持股的公司是不允许上市的，所以很多信托制 PE 基金都在公司成功上市之前就进行了股权转让。这使信托制 PE 基金的收益受到限制。

2. 公司制

　　公司制基金是一种法人型基金，通过注册成立有限责任制或股份制公司对外投资。参与基金投资的投资人依法享有《公司法》规定的股东权利，并以其出资为限对公司债务承担有限责任。基金管理人有两种存在方式，一种是以公司常设的董事身份作为公司高级管理人员直接参与公司投资管理；另一种是以外部管理公司的身份接受基金委托进行投资管理。

公司制基金需要缴纳企业所得税，投资人需要缴纳个人所得税，所以涉及双重税收。基金公司的股份可以上市，所得投资收益可以留存继续投资。在中国目前的商业环境下，公司型基金是最容易被投资人接受的投资方式。

3. 有限合伙制

合伙制基金大多采用有限合伙的形式，不采用普通合伙企业的形式。有限合伙制基金的投资人作为企业合伙人，依法享有合伙企业财产权。其中的普通合伙人（GP）代表基金对外行使民事权利，并对合伙企业承担无限连带责任。其他有限合伙人（LP）以其认缴的出资额为限对合伙企业承担连带责任。

从国际范围来看，基金管理人接受普通合伙人的委托对基金投资进行管理。而且基金管理人与普通合伙人具有关联关系。从国内实践来看，一般都是普通合伙人担任基金管理人。

一般情况下，有限合伙企业的普通合伙人为私募股权投资公司，认缴基金的一小部分。其他有限合伙人认缴基金出资的绝大部分。普通合伙人负责基金的投资、运营和管理，每年抽取一定的基金总额作为基金管理费；有限合伙人不负责公司管理，只是分享合伙收益，同时享有知情权、咨询权等。

PE 曾经是一个神秘的存在，被认为是少数富有人士独享的内幕资源。随着人们理财意识的提升，越来越多的人开始了解 PE 投资，参与到 PE 投资中来，为企业融资上市提供了重要帮助。

1.1.5　咸鱼游戏获过亿风险资本，汪峰、那英、华谊兄弟纷纷持股

都说资本寒冬下创业公司融资压力大，但是还有一个不可忽视的现实，即泛娱乐领域的优质项目依然火爆。2016 年 10 月底，咸鱼游戏完成过亿 B 轮融资，由金科娱乐和澜亭资本领投，华谊兄弟跟投。值得注意的是，金科娱乐在 2015 年一轮定增中引入了明星股东汪峰和那英以及银泰集团董事长沈国军。这就意味着，这些明星都已经间接持有咸鱼游戏的股份。

咸鱼游戏公司注册成立于 2013 年 12 月，卫东冬是该公司的创始人兼 CEO。分析咸鱼游戏创业团队履历可以发现，咸鱼游戏具有腾讯游戏的优良基因。咸鱼游戏创始人卫东冬 2008 年加入腾讯游戏，一起创业的伙伴大多是他从腾讯游戏公司"挖"来的。咸鱼游戏共有 5 位合伙人，其中有 4 位都来自腾讯游戏公司。

截至 2016 年年底，咸鱼整体团队的成员数量为 200 人左右。其中，研发团队将近 100 人，发行团队约 120 人。咸鱼游戏的定位并不仅仅是做发行商，而是致力于成为一家横跨动漫、体育、影视等多个领域的游戏公司。

具体来说，咸鱼游戏的整体战略是在体育手游细分领域市场尚未爆发，潜力亟待发掘之时提前布局。咸鱼游戏将体育手游市场的潜力称为"双 6 红利"，即有 6 亿体育受众、6 亿手游用户。全球体育市场已经形成千亿规模，仅三大世界级球类赛事就有数亿粉丝，而其他分支领域的开发价值也非常大。咸鱼游戏坚信，只要形成先发优势，加速"体育 + 游戏"的产业链深度整合，就能在未来手游市场中占据一席之地。

在体育游戏领域，咸鱼游戏已经晋升为第一梯队公司。2015 年年底，咸鱼游戏发行的足球游戏《最佳阵容》登陆苹果商店，在体育类游戏畅销榜的排名一度保持在 TOP3。截至 2016 年 10 月，《最佳阵容》的单月流水稳定在 2 000 万元以上，累计流水超过两亿元。为了继续提升在体育手游领域的竞争力，咸鱼游戏还新成立了两个研发工作室，专门研究足球和篮球两大品类游戏。

在资本寒冬下，创业公司要想获得资本的青睐，早已不是只讲一个故事、做一个商业计划书那么简单。在游戏产业市场，资本不仅仅要关注市场规模是否足够大，还要看重市场走向以及对于未来增量的预期。只有像咸鱼游戏一样避开头部市场竞争，挖掘尚未爆发但极具市场潜力的细分领域才有可能说服投资人。下面总结了咸鱼游戏之所以能够获得资本青睐的三大原因，内容如图 1-6 所示。

1	创业团队有大公司背景和专业经验
2	整合体育+游戏产品链
3	多元化的业务战略

图 1-6　咸鱼游戏获得资本青睐的三大原因

1. 创业团队有大公司背景和专业经验

BAT（百度、阿里巴巴、腾讯）等大公司的履历会给创业团队加分，因为有大公司经历的人会拥有标准化工作的经验。对创业公司来说，在最初时期，可能只有三五个人或十几个人，这时候标准化工作经验不会显露出优势。但是当创业公司从非正规化转向正规化时，BAT 等大公司标准化工作经验就能发挥作用。基于这种经验，创业团队最初做的远景规划一定不会差。

一些投资人说："我们愿意投一个成功过一次的人，而不愿意去投一个失败过十次的人。"这番言论很有道理，因为如果你曾经成功过，就会知道通往成功的一条路径是一个从无到有，从小到并购或 IPO 的过程，而成功路径是可以复制的。

咸鱼游戏的 5 位合伙人有 4 位来自腾讯游戏，这就能在一定程度上获得投资人的认可。这是一种惯性思维，深耕于一个领域的人如果跨界到另一个领域，创业成本会更高。但如果继续深耕，投资人就愿意为你埋单。

另外，如果创业者所做的事情与工作或创业经历有关，还可以把原来一些人"挖"过来做创业伙伴，卫东冬就是这样做的，他的创业伙伴曾经积累的资源或者人脉都有用武之地，而且投资人也是非常重视这种价值的。

2. 整合体育 + 游戏产品链

卫东冬表示："B 轮融资后，公司将借助金科娱乐、上海澜亭以及华谊兄弟的优势资源，强化企业在游戏、动漫、体育、影视领域的全方位资源矩阵。同时，基于资本、IP、研发、发行、流量层面的能力提升，加速构建'体育移动游戏一体化'战略闭环，以更为丰富品类和题材的产品线，巩固公司在国内体育移动游戏市场的领先地位，并逐步向海外市场拓展。"

3. 多元化的业务战略

关于咸鱼游戏的发展侧重点，卫东冬说："游戏肯定是公司最重要的主业，但未来希望不仅仅是一家游戏公司，无论从资本角度还是产品角度，希望公司的业务战略更加多元化。"

对于劣质项目来说，即便没有资本寒冬也很难获得投资人青睐、成功融资；对优质项目来说，不管资本环境如何，永远都不愁没有资本支持。

1.2

企业中后期的资本层次

如果企业发展到一定规模且经营状况良好，就可以考虑通过全国股份转让系统或者全国性证券交易所进行融资了。全国股份转让系统的门槛低，全国性证券交易所上市的门槛高。所以，很多企业都是先通过全国股份转让系统融资，然后准备通过全国性证券交易所上市公开融资的。下面我们分别解读企业中后期的资本层次。

1.2.1　新三板：中小微型非上市股份有限公司

三板市场的全称是"代办股份转让系统"，于 2001 年 7 月 16 日正式开办。作为我国多层次资本市场的一部分，三板市场一方面为退市公司股份提供了继续流通的场所，另一方面也解决了原 STAQ、NET 系统历史遗留的数家公司法人股流通问题。自从新三板概念诞生以后，原三板被称为"旧三板"。

新三板最早发源于北京中关村科技园区，由非上市股份有限公司进入代办股份转让系统。因为挂牌企业都是高科技企业，与旧三板内的退市企业及原 STAQ 证券交易自动化报价系统、NET 系统挂牌公司不同，所以被称为"新三板"。随着新三板市场发展壮大，新三板的项目来源不断扩展，已经不再局限于中关村科技园区的非上市股份有限公司。

2012 年，新三板扩大到 4 个国家级高新园区，包括北京中关村、天津滨海、武汉东湖以及上海张江等试点地的非上市股份有限公司。2013 年年底，中国证监会宣布新三板扩大到全国，对所有公司开放。2014 年 1 月 24 日，新三板一次性挂牌 285 家，并累计达到 621 家挂牌企业，这宣告了新三板市场正式成为一个全国性的证券交易市场。到 2015 年 3 月 6 日已有累计 2 026 家公司在新三板挂牌，从公司数量和总市值上来说已经较为庞大。截至 2016 年 8 月 28 日，新三板挂牌企业总共 8 887 家。

新三板定位于为科技创业创新型的中小微企业提供投融资服务，不仅是金融服务的实体经济，还是国家经济转型的助推器和金融改革的试验田。新三板的发展方向是一个独立的资本市场，既与原来的 A 股市场定位不一样，又与其他市场形成互动。

随着新三板市场的发展壮大，新三板作为资本市场正在向小微企业开放上面迈进一大步，并逐步彰显魅力。挂牌新三板对于中小微企业具有三大意义，内容如图 1-7 所示。

1. 挂牌门槛低，对利润没有硬性要求

2. 有效解决了中小企业融资难题

3. 远期战略将会更加多样化

图 1-7　挂牌新三板对于中小微企业的意义

第一，挂牌门槛低，对利润没有硬性要求。与创业板、中小板、主板上市对企业利润的硬性规定不同，挂牌新三板对企业利润没有要求。创业者只要规范企业的经营管理，做好信息公开披露，就可以挂牌新三板，成为非上市公众公司。挂牌新三板后，企业股票可通过全国中小企业股份转让系统交易流通。

挂牌新三板对企业有以下 5 个要求。

（1）依法设立且存续满两年。

（2）业务明确，具有持续经营能力。

（3）公司治理机制健全，合法规范经营。

（4）股权明晰，股票发行和转让行为合法合规。

（5）主办券商推荐并持续督导。

新三板对于挂牌企业是非常包容的，既有利润过亿的企业，也有短期亏损，还有长期前景广阔的企业。例如，湘财证券、圣泉集团等都是利润过亿元的新三板挂牌企业；科技媒体爱范儿年亏损百万元，但是前景广阔，估值一亿元。

第二，有效解决了中小企业的融资难题。与上市融资不同，挂牌新三板时并不进行融资。但是新三板为挂牌企业提供了更多样化的融资方式。定向增发是新三板企业融资的主要方式。当前，新三板市场的定向增发非常火爆。PE/VC 基金参与新三板挂牌企业融资的积极性空前高涨，专门针对新三板企业的股权投资基金也纷纷成立。

从定增对象来看，新三板规定挂牌企业定增对象人数不得超过 35 人，但公司在册股东参与定向发行认购时，不占用 35 名认购投资人数量的名额。在合格投资人认定方面，机构投资者要求注册资本达 500 万元以上的法人机构或者实缴出资总额达 500 万元以上的合伙企业，自然人投资者需是证券资产市值超过 500 万元的个人，而且需要有两年以上证券投资经验。

此外，新三板企业通过规范公司财务及公司治理可以获得银行授予的更高评级及授信额度。企业的大股东也可以通过股权质押为企业进行融资。发行优先股、发行中小企业私募债等都是新三板挂牌企业可以选择的融资方式。

第三，远期战略将会更加多样化。挂牌新三板以后，企业可以选择继续扩大主营业务，为上市奠定基础。前任中国证监会主席肖钢说过："研究在创业板建立单独层次，支持尚未盈利的互联网和高新技术企业在新三板挂牌。"未来，新三板与创业板之间有可能建立起有效转化通道，更多优质企业可以通过新三板实现向创业板迈进。

除此之外，企业也可以选择通过资产重组改善主营业务。资产重组的方式有两种，一是通过并购做大做强主营业务；二是通过被上市公司收购实现提前退出。

随着新三板不断做大做强，未来会有更多的优秀企业参与进来。如果你的企业是科技创新型，需要较大规模融资，但是尚未达到上市要求，那么可以尝试挂牌新三板。

1.2.2　创业板：科技成长、自主创新型企业

创业板也叫二板市场（Second-board Market），即第二股票交易市场。作为主板的补充，创业板专为暂时无法在主板上市的科技成长、自主创新型企业提供融资途径和成长空间。在中国，创业板的市场代码是以"300"开头的。

在中国，创业板特指深圳创业板。与主板市场相比，创业板的上市要求比较宽松，主要体现在成立时间、资本规模、中长期业绩等方面的要求。创业板市场的典型特点就是低门槛进入，严要求运作，对成长型中小企业融资有很大帮助。

在创业板上市的公司一般都从事高科技业务，一般成立时间短，规模较小，业绩也不突出，但是具有很大的成长潜力。可以说，创业板是一个门槛低、风险大、监管严格的股票市场，被业内人士称作"孵化科技型、成长型企业的摇篮"。

很多人对创业板和中小板分不清楚。总体上看，创业板企业的发行条件比中小板更为宽松一些。中小板是创业板向主板的过渡，但是创业板与中小板的定位各有侧重，不能简单地将创业板当成"小小板"。中小板主要服务于中型发展企业，盈利能力强，但是规模比主板小；创业板以科技成长、自主创新型企业为服务对象，这些企业刚开始具备一定规模和盈利能力，在技术创新、经营模式创新方面非常活跃，具有显著的成长性特征。表 1-1 为创业板和中小板企业发行条件对比。

表 1-1　创业板和中小板企业发行条件对比

项目	创　业　板	中　小　板
股本条件	发行后总股本不得少于 3 000 万元	发行前股本总额不少于 3 000 万元；发行后股本总额不少于 5 000 万元
主体资格	依法设立且持续经营 3 年以上的股份有限公司；发行人应当主要经营一种业务，生产经营活动符合法律、行政法规和公司章程的规定，符合产业政策及环保政策；最近两年内主营业务和董事、高级管理人员均没有发生重大变化，实际控制人没有发生变更	依法设立且存续经营时间 3 年以上的股份有限公司；最近 3 年内主营业务和董事、高级管理人员没有发生重大变化，实际控制人没有发生变更

续表

项目	创 业 板	中 小 板
盈利要求	最近两年连续盈利，最近两年净利润累计不少于1 000万元；最近一年盈利，最近一年营业收入不少于5 000万元。净利润以扣除非经常性损益前后孰低者为计算依据	最近3年净利润均为正数且累计超过3 000万元；最近3年经营活动产生的现金流量净额累计超过5 000万元；或者最近3年营业收入累计超过3亿元
资产要求	最近一期末净资产不少于2 000万元，且不存在未弥补亏损	最近一期末无形资产（扣除土地使用权、水面养殖权和采矿权等后）占净资产比例不高于20%
募集资金使用	募集资金应当用于主营业务，并有明确的用途	募集资金应当有明确的使用方向，原则上应当用于主营业务

  登陆创业板的公司规模普遍较小，上市融资规模也较少。但是借助创业板平台，多家起初规模小的公司实现了市值飞跃。截至2016年11月11日，创业板所有551家公司里，市值50亿～100亿元的公司数量最多，达到了285家；100亿～200亿元以及50亿元以下的创业板公司紧随其后，分别达到128家和97家，400亿元以上的公司仅有7家，占整个创业板公司的比例为1%。

  尽管创业板上市公司的总市值规模不大，但是与当初刚刚登陆创业板之时相比发生了巨大变化。刚登陆创业板之时，551家公司中有89%的公司市值处于50亿元以下的水平；市值为50亿～100亿元的公司比例不超过10%；市值为100亿元以上的只有3%；而400亿元以上的公司只有一家。

  在这些创业板公司当中，有10家公司的市值增速超过了10倍，主要来自计算机和传媒行业。创业板公司市值增速排行如表1-2所示。

表1-2 创业板公司市值增速排行

证券代码	证券简称	上市首日总市值（亿元）	最新总市值（亿元）	市值增幅（%）	所属行业
300459.SZ	金科娱乐	11.97	272.13	2 193.97	化工
300104.SZ	乐视网	42.96	760.57	1 670.41	传媒
300324.SZ	旋极信息	14.33	233.49	1 529.35	计算机
300287.SZ	飞利信	13.15	199.93	1 420.87	计算机
300266.SZ	兴源环境	16.73	237.96	1 322.57	机械设备
300431.SZ	暴风集团	12.34	160.37	1 200.04	传媒
300506.SZ	名家汇	14.83	188.10	1 168.20	建筑装饰

证券代码	证券简称	上市首日总市值（亿元）	最新总市值（亿元）	市值增幅（%）	所属行业
300364.SZ	中文在线	11.77	140.80	1 096.03	传媒
300017.SZ	网宿科技	40.73	473.59	1 062.74	通信
300317.SZ	珈伟股份	18.24	208.84	1 044.81	电子

从表 1-2 可知，增速最快的创业板公司为金科娱乐。金科娱乐的前身是浙江时代金科过氧化物有限公司，主要从事氧系漂白助剂 SPC 的研发、生产和销售，是一家国家重点高新技术企业。公司主导产品 SPC 属于环境友好型精细化工新材料，用于生产高效、节能、环保的含氧洗涤剂产品。

2015 年 5 月，金科娱乐登陆创业板，其后连续三个季度净利润分别实现了同比增长 6.02%、27.51% 和 33.99%。2015 年 12 月，金科娱乐斥资 29 亿元收购杭州哲信信息技术有限公司，正式切入移动游戏领域。2016 年 6 月，金科娱乐继续深入娱乐领域，拟发起设立 32 亿元娱乐文化并购基金。收购杭州哲信之后，金科娱乐公司 2016 年前三季度的净利润分别实现同比增长 173.27%、188.86% 和 272.33%。

随着金科娱乐业绩的持续增长，该公司也受到了市场追捧，从化工单一主业向化工、娱乐双主业转型的过程中，公司 2015 年 9 月 7 日实施的 10 转 15 股以及 2016 年 9 月 6 日实施的 10 转 20 股也成为了公司市值高涨的催化剂。最终，金科娱乐实现了上市一年半时间内市值暴增近 22 倍，创造了佳绩。

金科娱乐的成长离不开创业板市场的助力。下面我们一起看创业板上市的四大优势，如图 1-8 所示。

图 1-8　创业板上市的四大优势

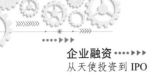

企业融资　▶▶▶
从天使投资到 IPO

1. 上市要求低

创业板对企业的盈利和净资产额要求较低。门槛低的原因有两个，一是创业板面向的是中小企业，更加看重企业的增长潜力，而不是当前的发展规模；二是知识经济形态的出现改变了外界对企业的衡量标准。现代投资人评价一个企业越来越看重其拥有的人力资源和技术成果，而不是财大气粗。非物质资源已经成为投资人判断企业是否值得投资的重要决策基础。

2. 信息披露要求严格

由于创业板上市门槛低，优质企业和很多经营状况不理想的企业并存，这就增加了投资人对企业的评判难度。另外，与传统产业的企业相比，创业板高科技企业的评价标准更为复杂，所以要求创业板上市公司进行充分的信息披露有助于投资人对企业做出准确判断，从而有效降低投资风险。

3. 服务于高成长企业

创业板致力于构建一个融资环境，让创新型、有市场潜力行业的中小企业都能有效进行融资。这些高成长企业在发展初期无法在主板上市，而创业板将资金聚集起来，为这些企业提供了创业基金。

4. 公司股份全部流通

主板市场允许公司股份依法转让，但是发起人持有的公司股票自公司成立之日起三年内不得转让，而创业板上市规则将期限缩短为一年。这种规定有利于创业板市场的流动性，使市场更加活跃。

创业板发行上市制度、信息披露制度以及交易规则都是按照市场机制运行的，这促进了我国的资本市场规范操作风气的形成，有利于整个资本市场的制度建设。然而，创业板市场存在不确定性、经营管理问题等风险因素，这些都需要加强管理，防范风险。

1.2.3　中小板：中型稳定发展企业

中小板是流通盘在 1 亿元以下的创业板块，是相对于主板市场来说的。有些企业的条件与主板相差不多，但是无法在主板上市，所以只能在中小板市场上市。中小板市场是创业板的一种过渡，在资本架构上从属于一板市场，即上交所、深交所的主板市场。2004 年 5 月，经国务院批准，中国证监会批复同意深圳证券交易所在主板市场内设立中小企业板块。在中国，中小板的市场代码是 002 开头的。

中小板上市企业有什么优势呢？下面总结了中小板上市企业的三大优势，内容如图 1-9 所示。

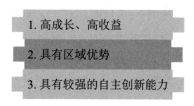

1. 高成长、高收益

2. 具有区域优势

3. 具有较强的自主创新能力

图 1-9　中小板上市企业的三大优势

1. 高成长、高收益

中小板上市企业与创业板上市企业相比，发展更稳定，与主板上市企业相比成长更快，潜力更大。总体来说，中小板上市企业具有高成长、高收益的特点。

2. 具有区域优势

中小板上市企业大多处于我国东南沿海等经济发达的地区，集中在浙江、广东、江苏三省。沿海区域的经济发展迅速，为中小板上市企业提供了良好的发展环境。

3. 具有较强的自主创新能力

中小板上市企业虽然算不上各行业巨头公司，但大多在各自的细分领域

里占有一定的市场地位。其中，90% 以上的中小板企业都拥有自主专利技术，还有一些公司被国家列为火炬计划重点高新技术企业，是科技部认定的全国重点高新技术企业。随着国家对自主创新能力越来越重视，科技含量较高的中小板企业将拥有良好的市场发展空间。

截至 2016 年 5 月 20 日，中小板上市公司达到 786 家，是 2004 年的 20.7 倍，市场规模逐步扩大；累计融资规模达到 14 683 亿元，是 2004 年全年融资额的 161.3 倍。大通证券资管部副总经理李娜说："从市场规模、公司业绩、分红乃至治理等各方面看，中小板正成为支持中国金融体系构建、促进国民经济快速发展和资本市场多层次建设不可或缺的重要生力军。"

1.2.4　主板：大型蓝筹、行业龙头、骨干型企业

主板也叫一板，主要指传统意义上的股票市场，是一个国家或地区证券发行、上市及交易的主要场所。主板上市对企业的营业期限、股本大小、盈利水平、最低市值等方面的要求非常高，上市企业多为大型蓝筹、行业龙头、骨干型企业，比如贵州茅台、云南白药、招商银行、青岛海尔、中国平安等。

我国大陆主板市场分为上海证券交易所和深圳证券交易所。其中，上海主板市场代码以 600 开头，深圳主板市场代码以 000 开头。主板市场在很大程度上能够反映国民经济发展水平，被称作"国民经济晴雨表"。

主板市场先于创业板、中小板产生，三者既相互区别又相互联系，是多层次资本市场的重要组成部分。在多层次的资本市场中，主板市场规模最大，创业板次之。中小板与主板的上市条件理论上是一样的，如表 1-3 所示。

表 1-3　主板与中小板的上市条件

条　件	主板、中小板
主体资格	依法设立且合法存续的股份有限公司；持续经营时间应当在 3 年以上，但经国务院批准的除外；最近 3 年内主营业务和董事、高级管理人员没有发生重大变化，实际控制人没有发生变更

续表

条 件	主板、中小板
盈利要求	最近 3 个会计年度净利润均为正数且累计超过 3 000 万元，净利润以扣除非经常性损益前后较低者为计算依据
	最近 3 个会计年度经营活动产生的现金流量净额累计超过 5 000 万元；或者最近 3 个会计年度营业收入累计超过 3 亿元
	最近一期不存在未弥补亏损
资产要求	最近一期末无形资产（扣除土地使用权、水面养殖权和采矿权等后）占净资产的比例不高于 20%
股本及公众持股	发行前不少于 3 000 万股；上市股份公司股本总额不低于 5 000 万元；公众持股至少为 25%；如果发行时股份总数超过 4 亿股，发行比例可以降低，但不得低于 10%；发行人的股权清晰，控股股东和受控股股东、实际控制人支配的股东持有的发行人股份不存在重大权属纠纷
同业竞争	发行人的业务与控股股东、实际控制人及其控制的其他企业间不得有同业竞争
关联交易	不得有存在有失平的关联交易，关联交易价格公允，不存在通过关联交易操纵利润的情形
募集资金用途	应当有明确的使用方向，原则上用于主营业务
限制行为	1. 发行人的经营模式、产品或服务的品种结构已经或者将发生重大变化，并对发行人的持续盈利能力构成重大不利影响
	2. 发行人的行业地位或发行人所处行业的经营环境已经或者将发生重大变化，并对发行人的持续盈利能力构成重大不利影响
	3. 发行人最近一个会计年度的营业收入或净利润对关联方或者存在重大不确定性的客户存在重大依赖
	4. 发行人最近一个会计年度的净利润主要来自合并财务报表范围以外的投资收益
	5. 发行人在用的商标、专利、专有技术以及特许经营权等重要资产或技术的取得或者使用存在重大不利变化的风险
	6. 其他可能对发行人持续盈利能力构成重大不利影响的情形
违法行为	最近 36 个月内未经法定机关核准，擅自公开或者变相公开发行过证券，或者有关违法行为虽然发生在 36 个月前，但目前仍处于持续状态；最近 36 个月内无其他重大违法行为
发审委	设主板发行审核委员会，共 25 人
初审征求意见	征求省级人民政府、国家发改委意见
保荐人持续督导	首次公开发行股票的，持续督导的期间为证券上市当年剩余时间及其后两个完整会计年度；上市公司发行新股、可转换公司债券的，持续督导的期间为证券上市当年剩余时间及其后两个完整会计年度。持续督导的期间自证券上市之日起计算

在实践中，主板与中小板的上市条件又有所不同。总体来说，中小板的服务对象是发展成熟的中小企业，而主板的服务对象是比较成熟、在国民经济中有一定主导地位的企业。统计显示，目前主板市场中 95% 以上的上市公司总股本超过 4 亿元，中小板大多不超过 1 亿元。除了总股本不一样，中小板与主板的交易规则、信息披露制度都不一样。

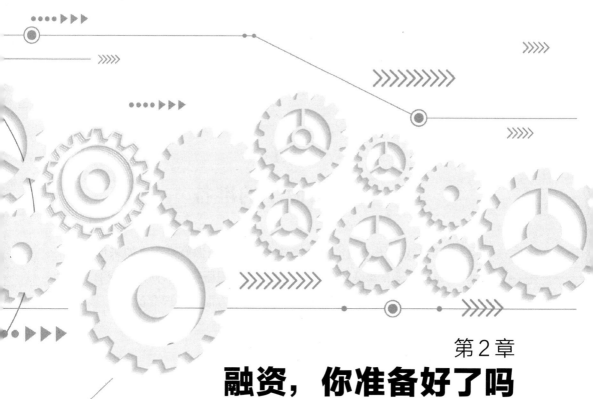

第 2 章
融资，你准备好了吗

　　创业融资，不是简单地拿钱，找到资金支持就万事大吉了。投资人表面上是给你资金支持，但是作为拿钱的人，你也会背负重大的压力。在寻找融资之前，创业者应当注意什么？本章从心理、法律、股权以及财务 4 个方面给大家提供思路。

2.1
心理层面上的准备

创业者在寻找投资人融资之前需要在心理方面做好准备。如果创业者的心理素质不好，也没有丝毫的融资技巧，是很难说服投资人向你投钱的。在和投资人见面讨论项目之前，创业者应当做好 4 个方面的心理准备。

2.1.1　准备应对投资人的提问

向投资人寻求融资的创业者非常多，这时投资人会对创业者提出一连串难以回答的问题。投资人经常问到的问题有："你做了什么东西？跟别人做的有什么不同？功能是什么？你的东西能为用户创造什么样的价值？你的目标用户是谁？用户为什么要用你的东西？"如果创业者之前没有一点心理准备，通常会使场面变成尴尬的冷场。而准备充足的创业者则能够自信地回答各种问题，赢得投资人的好感。

几乎所有的创业者都认为自己对所做的事情非常清楚，但在回答投资人问题时，往往是说不清、道不明。所以，创业者还是应当对自己所要融资的项目给予高度重视和充分准备。另外，创业者可以请一些专业顾问或敢于讲话的行家来模拟这种提问过程，从而使自己考虑得更为周全。

融资与投资人见面洽谈的过程就像两个单身男女相亲一样。现在很多30 多岁却依然保持单身的男女都会被家里父母逼着相亲。最初，为了给彼此留下好印象，双方会尽量找高档的餐馆吃饭。当你发现第一次见面其实没有那么多话要说，但还是要硬着头皮吃完第一顿饭的时候，你就会想着找一个简单的地方就好。最初你们吃的可能是火锅，觉得时间长，可以多聊一会儿。后来你开始吃中餐，再后来就改成简餐，最后忍不住每次相亲就找个地方喝喝茶。

其实，融资者与投资人见面洽谈的道理和相亲一样，创业者需要用最低的时间成本高效地把自己的价值核心点传递给投资人，并进行充分的互动，以便能够相互了解。

还有就是在相亲的时候，男女双方会互相问一些问题。女方会问男方"你们小区房子多少钱一平方米、车位多少钱一个"等经典问题，而男士总是更在乎女士的长相、身材等，这是很合理的。因为投融资与结婚一样，都是将最宝贵的东西彼此交换。因此，双方详细地互相考察是正常的。很少有女士在结婚前对男士的收入状况都不了解。相应的，投资人关心的就是创业者的盈利能力和成长空间。

如果女士询问男士房子多少钱一平方米、车位多少钱一个，她并不是真正想知道价格，而是想问你有没有车、有没有房。对这位女士来说，她选择开门见山，如果不合适她就会寻找下家。

如果投资人问你以前做过什么，那你一定要认真思考投资人的目的。你的回答直接影响到投资人对你的创业团队的第一印象。如果你以前是卖童装的，现在卖玩具还可以，如果去卖保健品，那么投资人会对团队能不能适应新的市场环境有一个疑问。

因此，你需要知道投资人最关注什么信息，从而做好准备。对于投资人来说，如果你的项目中有他想要的东西，他自然而然会把资金投入进来。从以往投资人支持的项目中不难发现，投资人最关注 3 个方面的信息，内容如图 2-1 所示。

图 2-1　投资人最关注的 3 个方面信息

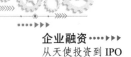

1. 团队信息

投资人首先关注的就是创业团队的信息，所以你应当准备充分的团队信息，以应对投资人的提问。你应当将创业团队的成员信息以及之前所获得的成绩归总一下，以防投资人提问的时候无言以对。

关于这一点，很多人会有疑惑。面对潜在的投资人，介绍自己的好创意才是最应该做的事。但是，一个项目或者产品的设想可能足够好，却会随着项目的开发实施而经历或多或少的变更。与之相比，团队是比较稳定的因素。在项目后期的运作过程中，包括目标市场、产品和商业模式都会稍作改变，而团队却是不变的因素。

2. 项目细节信息

在交流中，投资人会希望了解项目当前的融资额度、完成进度以及资金使用情况等。你应当提前准备对这些细节性的问题进行回答。

一些创业者可能认为，这些问题应当在与投资人接触后期进行具体介绍。但事实是投资人不仅是数量有限的潜在合伙人，并且是急于锁定投资项目的风投人员。投资人能够投资的项目只是接触过的项目中的几个而已，所以他们会希望在最开始就看到项目各方面的细节信息。在短时间内将细节讲述清楚有助于创业者获得投资人的认同，最大限度地争取到投资人。

360 公司创始人周鸿祎常说："年轻的创业者往往会犯这样的错误，喜欢定性不定量的描述，说了半天却没有多少信息量；喜欢绕弯子，不能直接切入到商业核心；常常在假设条件下描述产品的价值。"聪明、经验丰富的投资人时间很可贵，如果创业者没有直接阐明要点，就可能错失这个赢得投资机会。

3. 市场信息

投资人接触任何一个创业项目时，都会想知道创业者凭什么认定自己的产品存在足够的市场。所以，你还需要对市场有深入了解，收集全面准确的市场信息。

如果按照市场调研公司提供的表格来说明原因是远远不够的。首先，你应当说明市场中现存的竞争对手有哪些，与其相比你的优势是什么。其次，你的产品卖点是什么，能够让用户感觉"非用不可"而不是"用了还不错"的原因是什么都需要考虑清楚。最后，价格定位和商业模式创新以及新产品或新服务能否被目标市场接受等都是需要向投资人解释的问题。

通过这些代表性的问题，投资人能够了解创业者的思维方式以及创业者对产品的了解程度。创业者是积极改善市场还是闭门造车，是努力挖掘产品的各个方面，广泛传播产品创意，还是对产品感到不确定等都会显现出来。而投资人或许会据此判断你的项目是否值得投资。

需要注意的是，与潜在投资人第一次会面的目的是尽快获得第二次面谈的机会。所以，你只要将上述三个方面的重点内容信息传达给投资人，让投资人对项目产生兴趣，你的目的就初步达到，不必急于将所有内容和盘托出。

2.1.2　准备应对投资人的怀疑

或许你对自己已经取得的小小成就已经非常满意了，但是投资人依然会怀疑你的投资管理能力，怀疑你的项目可行性。如果投资人说"我认为你设想的目标过于远大，根本无法实现"，骄傲的创业者可能会反应过度，质问投资人："你什么都不知道，凭什么这么说？"结果可想而知，你大概会被投资人赶出公司或者是投资人拂袖而去。

事实上，面对投资人的时候，这样的怀疑是很常见的。这种怀疑构成了投资人检验项目是否值得投资的一部分，因此创业者应当正确对待。

优信拍是一家二手车在线拍卖公司，成立于 2011 年 8 月，由优信互联（北京）信息技术有限公司运营。2013 年 4 月，优信拍获得了君联资本、DCM、贝塔斯曼（BAI）以及腾讯产业共赢基金等投资机构的 3 000 万美元 A 轮融资；2014 年 9 月，优信拍获得华平投资、老虎环球基金等多家投资机构投资的 2.6 亿美元 B 轮融资；2015 年 3 月，优信拍获得百度领投、KKR、Coatue 等投资机构跟投的 1.7 亿美元 C 轮融资，华兴资本担任独家财务顾问。

优信拍的融资之路可谓非常顺利，而且投资人名单上个个都是顶级投资机构。优信拍之所以能够得到众多顶级投资机构的青睐，与优信拍的 CEO 戴

琨和 CFO 曾真两位创业高管有直接关系。

戴琨与曾真每次与投资人谈融资的时候，即便投资人的问题非常无厘头，他们也会像老师教育学生一样循循善诱，将事情分析得非常透彻，让非专业的投资人都能听懂他们的项目。另外，他们还非常幽默，在与投资人解释问题的时候穿插一些搞笑的段子，让投资人听得非常开心。有人甚至将 DCM 投资优信拍的原因归结为"我太喜欢戴琨了，我就要投资他"。这足以表明戴琨的魅力。

通过分析优信拍的案例，我们总结出创业者面对投资人怀疑的方法。

首先，耐心应对怀疑。耐心是创业者非常难得的能力和品质。从某种程度上说，投资人表示怀疑，意味着他对项目感兴趣。与投资人沟通最怕的就是他没有问题，当你讲完之后只听到投资人说"谢谢，我们回头联系吧"，那么他的意思就是"你走吧，不送"。好的项目本身就是经得起推敲的，所以投资人怀疑并不是什么大事，你应当将自己看清的而投资人没有看清的地方解释给他听。

其次，不能夸大投资回报。随着洽谈的深入，创业者会与投资人聊到企业的核心问题，即财务预测。然而大部分创业者并不精通财务数据和预测，比如商业模式、创业团队、市场形式、竞争环境、目标消费群等。创业者应当实事求是，不能夸大投资人的投资回报，不然就增加了投资人怀疑的可能性。另外，一旦投资人在尽职调查中发现创业者当时所说的回报只是海市蜃楼，那么投资计划依然会泡汤。如果创业者实事求是，则会得到投资人的充分肯定和认可，并持续投资。

投资人的怀疑并不可怕，可怕的是你本身对项目也没有把握。这样，一旦投资人提出怀疑，你就可能无言以对，从而证实投资人的怀疑是没有错的。结果可想而知，投资人不会投资一个创业者本身就没有什么把握的项目。

2.1.3　准备放弃部分业务

说到互联网，大家都会想到 BAT；说到传统企业，大家则会想到海尔、格力、伊利等大公司。当然，创业者需要有大的理想，但是当前的市场环境不允许你两年内就造出下一个阿里巴巴，所以投资人更希望创业者最初的业务不要太多。

如果你最开始的定位过大，公司开展了多元业务，投资人就会倾向于从中选择一项或两项优势业务，要求你放弃一部分原有业务，然后才给你投资。放弃部分业务，留下最擅长的主营业务对于业务分散的初创公司来说是非常有必要的。而且投资人也希望自己的钱花在有用的地方，经历一段时间后可以看到效果，这就要求创业项目最初是细分的、聚焦的，这样才能集中资源主攻优势业务。

那么，细分、聚焦的创业项目是什么样的呢？首先，项目小，项目启动比较容易，只需要较小的人力、物力。比如做一个 APP，一个四五人的团队就能拿出一个不错的产品。在这个团队中，一个做项目经理，一个做系统，一个做用户界面，一个做安卓，最后一个做测试工程师。其次，业务集中或者说目标市场细分。这一点在线上线下都是相通的，因为盘子小才足够灵活。

细分、聚焦的公司更灵活，比如小米科技。小米科技董事长雷军与格力电器董事长董明珠舌战时曾说，小米是一个 5 000 人的公司，有 1 500 人做研发，3 500 人做服务，没有生产和渠道。因为聚焦，所以专注，能扬长避短，这些都是小米的优势。

雷军的七字箴言"专注、极致、口碑、快"非常巧妙地说出了聚焦的真谛。因为只做一件事，所以会用更严格的标准要求自己。聚焦，是简单、是单一、是舍得、是轻装上阵。在这个唯快不破的时代，一家聚焦的公司是最符合当下需求与潮流的。创业者如果想要把公司做大，在公司变得大而强之前必须有一个聚焦的过程。

放弃部分业务，聚焦一个点，要求创业者怎么做呢？下面从产品线、渠道、人 3 个方面论述。

图 2-2　放弃部分业务的具体做法

1. 人

放弃部分业务涉及减人，这里说的减人不是指简单地裁员，而是建立一种高效的组织架构形态。如果企业某项营销费用的申请需要盖 N 个章，走 N 个流程，没有十天半月拿不到款时，企业就该进行一场减人革命了。在互联网时代，低效是致命的，尽管你的产品和服务都非常好。

船大难掉头，在市场变化难以预测的情况下，企业需要做的是建造可以快速突击的舰艇，使企业的每一个业务都可以不依附原有渠道而独立生存。

国美店网一体化的"店商"模式是传统零售业成功向电商转型的新模式，国美也因此被公认为互联网时代转型成功的零售业巨头。如今的国美在线商城已经成为仅次于天猫、京东、苏宁、唯品会之后的第五大电商平台。

国美在线的发展之所以如此迅猛，一方面，因为它是独立法人单位，不依附于国美线下渠道，有发展和经营策略上的最大自由度。另一方面，国美在线团队为了建立高效的组织架构形态，在内部广泛推广了"快速行动、协作创新，人人都是 CEO"的企业文化，通过小微组织和蜂巢效应跨部门横向沟通，使所有决策和流程大幅缩短。

国美在线在项目参与人数上有严格控制，同时给了项目负责人很大的权限，使之可以调动公司内部所有资源支持。同时，国美在线还设立了激励机制，使团队工作更加高效快捷。

2. 产品线

一些公司面临的棘手问题是产品卖不出去，其根本原因是产品不够极致，不能切中用户的痛点。之所以会这样，与公司产品线太多，缺乏核心产品有关。在竞争激烈的市场环境里，没有核心业务和核心产品就不会被大众看到，无法打下独属于自己的市场，这也是苹果最初只聚焦于做一款手机产品的原因。

在放弃赘余产品线这一方面，很多创业者不够自信，不敢在竞争激烈的市场中做减法。他们或许认为，公司多经营几项业务，收入来源就更多。事实上业务多，反而每项都做不好，收入反而低。

国美在线在这方面做得非常好，虽然是全品类发展，但亲力亲为的只有其最擅长、最有优势的家电 3C（Computer 计算机、Communication 通信和 Consumer Electronic 消费电子产品）业务。在服饰百货、汽车、艺术品等品类市场，国美通过开放平台与其他领先企业进行强强合作，打造特色品类。国美在线的优秀的业绩财报证明国美的战略是对的。

3. 渠道

放弃低效的渠道，聚焦高效的渠道是创业者需要做的一件事。传统商业渠道更多地依赖于空间资源，比如超市、商场等。另外，传统渠道构建需要消耗大量时间，效率低下，主要依靠人力，而类似报刊、展会、杂志等渠道的用户覆盖率和触达率又相对较低。而互联网的发展拓宽了企业与用户的交互场景，在线下渠道的基础上新增了线上渠道。当今，70% 以上的互联网流量都掌控在 BAT 三大巨头手中，相对于线下，线上渠道更加集中。企业需要聚焦于主要的渠道，放弃那些占用资源、时间、人力成本较多的渠道。

如果你正计划给公司融资，先审视一下公司的业务吧！

2.1.4　准备向投资人做出妥协

创业者应当清楚，自己的目标与投资人的目标很可能是不同的。因此，在正式谈判之前，创业者应当做好准备：为了拿到投资人的钱，我可以做出的最大妥协是什么。一般情况下，投资人不愁找不到好的项目来投资，所以投资者不会轻易做出妥协，而创业者做出一定的妥协是有必要的。

在融资谈判中，妥协与坚持都非常重要，因此，创业者应该事先明确未来的发展方向，厘清项目融资的核心目标。对妥协程度做到心中有数，这样才可以避免因小失大，为一些并不重要的利益而毁掉整个项目的融资进程。

融资谈判是一项技巧性很强的活动，创业者应当保持平衡的心态。在与投资人谈判过程中，最忌讳产生对抗情绪。如果双方意见不一致，出现对抗情绪，一种结果是创业者妥协，双方达成一致意见；还有一种结果是创业者拒绝妥协，双方谈崩。

当投资人提出要求，希望创业者在某一方面做出让步时，明智的创业者

会在另一方面提出相应要求，请求投资人在这一领域也做出相应的让步。一般来说，创业者如果选择妥协，答应了投资人的让步要求，投资人也会在另一方面做出或多或少的让步。

在谈判中，步步为营是一个好方法。然而很多创业者在融资时，却急切希望拿到投资人的钱，最后只能被投资人抓住把柄，答应投资人一系列不合理的要求。下面从 3 个方面看如何在适当的时候做出让步，内容如图 2-3 所示。

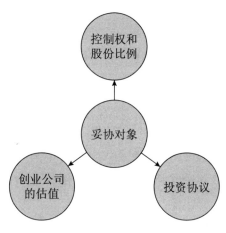

图 2-3　妥协对象

1. 控制权和股份比例

在融资谈判过程中，具体的股份比例是可以妥协的，但是在股份比例和控制权上保留主动权是不能妥协的。

作为创业者，不必执着地说你的股份没有占 50% 以上就不行。只要你的公司股权结构健康，能够保证你对公司的控制权，妥协一下是没有坏处的。否则，你将无法与投资人达成一致。

从这一点上考虑，创业者融资时应该更倾向于选择以财务回报为投资目的的财务投资人。因为战略投资人的投资目的是产业整合，他们总是希望把被投资企业纳入其整体战略框架内，这样才会较多地干预企业的经营方向，对控制权的要求会强一些。而财务投资人的目的是若干年后的财务回报，他们对控制权要求低，对利益方面的要求会比较高。

很多创业者徘徊于对融资的迫切需求与对企业控制权的舍和留之间。不过，大家需要注意的是，在控制权问题上是坚决不能妥协的。

2. 创业公司的估值

在融资谈判中，创业公司的估值谈判也是一项大事，但这方面是可以适当做出妥协的。在谈估值时，创业者应当学会报价技巧。报价最好高过预期的底牌，这样可以为后面的谈判留出周旋的余地。一旦进入谈判过程，投资人会不断降低估值，而不会抬高价格。所以，创业者最初应当报一个高于预期的价位。

报价是有标准的，创业者报价前要明白当前的公司值多少钱。一般高科技创业公司按照利润来测算比较合适，稳妥的办法是按照年利润的 20 倍，也有按照利润 50 倍或者超过 50 倍的方式来测算的。比如说，创业者办了一家 IT 公司，从目前的情况来看，创业者预计公司当年利润将能够达到 200 万元，按利润的 20 倍计算，则创业者在谈判时公司估值就应该是 4 000 万元。

创业者可以在这个基础上向投资人报价。如果公司还没有产生利润，就以销售额为基础，按照行业的平均利润率进行估值。比如制造业利润率超过 35%，估值可以是最近一期的年度销售额或预计下一年的销售总额乘以 2；批发业利润较低，估值可以是年度销售额乘以 0.5；商业零售业的公司估值可以是年度销售额乘以 1。我们说的是一般情况，具体情况则要具体分析，不过，原则上不应偏离这一基础太远。

另外，还有一个办法是根据"支点价格原理"报价。这个办法是以创业者的目标估值为支点，投资人给出的估值比创业者的目标估值低多少，创业者最初报价就比自己的目标估值高多少。比如说，创业者的目标价格是 500 万元，对方给出 400 万元，创业者就应该要 600 万元。棘轮条款是对投资者有利的反稀释工具，也是投资方最常用的反摊薄保护形式。

3. 投资协议

关于投资条款协议的问题，双方都可以直接表达意见。条款与股权、估值一样，是不能随便妥协的事情。对于无理的棘轮条款、对赌协议等，创业者可以直接表示无法接受。

要想与投资人达成交易，坦率地表达自己的意见是非常重要的。如果认为无法达到对赌条件，这时要明确说出原因，请求投资人降低条件；如果不想按投资人的要求进入新领域，也要明确说出理由，请求投资人做出让步；如果觉得分期投不好，就要明确说出并给出理由。

总而言之，创业融资交易如果达成，其结果一定是双方都认可的。虽然其间互相有妥协，但都能够接受。有些创业者不懂这个道理，为了获得资金，只要是投资人开的条件就完全接受。但是等投资后问题就出来了，一些创业者到处诉苦说自己的投资人非常苛刻，自己怎么苦等。甚至还有一些创业者与投资人的矛盾激化，产生无法挽回的后果，比如，失去公司控制权等。所以说，创业者需要学会如何适当妥协，这里强调的是"适当"。

2.2
法律层面上的准备

在融资之前，大部分投资人都会要求进行尽职调查。投资人在投资前会先将尽调清单发给创业者，一般包括法律和财务两个方面。创业者在融资之前应当完善相关制度，整理相关资料，做好融资准备。本章主要讲法律方面的融资准备。

2.2.1 审查公司主体

审查公司主体是尽调清单中的法律要点，共包括3项工作，内容如图2-4所示。

图2-4　审查公司主体的工作内容

1. 公司设立和程序

审查公司主体的第一项工作就是审查公司设立和程序，包括公司的成立时间、注册资本有多少、是否合法设立、是否经历过股权变更、公司章程以及修正次数等都是考察内容。这一项工作主要是为了确保公司的设立程序合法，基本上不会有什么问题。

2. 经营范围

审查公司主体的第二项工作是审查公司的经营范围。公司的经营范围与公司未来的发展息息相关，是投资人非常重视的一项内容。如果说公司的产品已经做出来，但是市场影响不够大，那么投资人会更加注重经营范围的考察。2.1.3 小节中讲到投资人可能会要求创业者放弃一部分业务，这里体现的是投资人有可能会要求公司缩小经营范围。

3. 公司证照

审查公司主体的第三项工作是审查公司证照。以做网站的公司为例，按照法律规定，网站运营者需要在国防部门进行报备。如果是电商网站，还需要有 ICP（因特网内容提供商）的备案。如果是酒店、饭店、房屋租赁、金融等特殊行业公司，投资人审查公司证照的意义在于确定公司是否具有行业资质。如果在不具备资质的情况下获利，公司则涉及非法经营，这是投资人比较重视的问题。另外，高新技术企业尤其需要在高新方面认证齐全。

针对上述三个方面的审查，创业者应当在融资之前就做好准备，不足之处及时弥补。

2.2.2　考察企业资产权利

企业资产权利是投资人在法律方面的尽职调查过程中非常重视的一项内容。投资人当然希望自己投资的公司资产权利完整，没有瑕疵，包括商标权、域名、APP 名称等。

然而，很多创业公司在这一环节出了问题。以商标为例，一些创业者花费大量时间与资金推广的品牌商标没有注册下来，因为提交的商标与注册标准要求不符；还有一些创业者不仅没有将使用的商标注册下来，还被他人控诉侵害了其商标权，被要求赔偿一大笔侵权费。出现这种情况后，公司不得不更换品牌商标，还影响了融资进程。

如果创业者在融资之前做好法律方面的准备，商标方面的问题其实很容易就能避免。在确定产品或服务品牌的商标之前，创业者应当找一个专业的商标代理机构进行咨询，看拟申请注册的商标是否存在问题。这样做有三个好处，内容如图 2-5 所示。

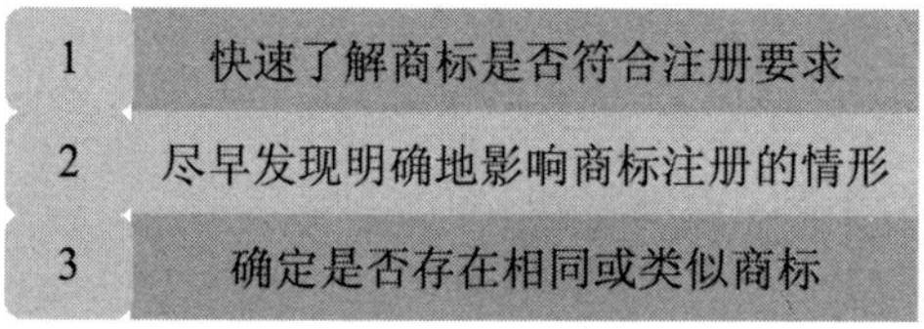

1	快速了解商标是否符合注册要求
2	尽早发现明确地影响商标注册的情形
3	确定是否存在相同或类似商标

图 2-5　找专业的商标代理机构进行咨询的好处

需要注意的是，如果公司从事的是跨境业务，不仅要在中国境内做商标查询，还要在主要境外目标地做查询。如果计划申请注册的商标存在问题无法顺利注册，创业者需要立即更换其他商标。如果计划申请注册的商标没有任何问题，那么创业者最好抓紧时间申请注册，以免被他人恶意抢注后花费不必要的钱购回商标。很多创业者在创业之初忙于开发产品和拓展业务，往往忽略了商标保护的重要性。

对于互联网创业公司来说，域名的注册也非常重要。与商标一样，域名的注册也越早越好。而且，公司域名最好能够与公司名称、品牌相同或尽可能保持一致。所以，一旦公司和产品名称确定下来，创业者接下来要做的就是注册域名。如果公司想要注册的域名已经被他人注册，打算将域名购买过来，也要趁早。因为在公司尚未有什么作为的时候购买域名，价格不会太高。但如果公司的产品或服务已经打下一定的市场知名度，再购买域名时价格会高很多。

另外，如果条件允许，公司在注册商标或域名时可以做一些保护措施。

第一，除了自己使用的商标或者域名，创业者还可以多注册一些商标或域名。

这些商标或域名可能与你使用的商标与域名相似，容易产生混淆。而将其一并进行注册的好处是避免第三方注册这些相似商标和域名后对公司造成不良影响。

第二，不仅将自己使用的商标或域名注册在公司产品或服务对应的类别上，而且还要注册在与公司产品或服务相近的类别上。这样做的好处是避免第三方将商标使用在与你的产品或服务相近的类别上。比如，公司计划为"光纤通信"注册商标，除了应当在"通信服务"类别上注册商标外，还应在"办公事务""计算机编程及相关服务"等类别上注册商标，以避免被他人使用商标，对公司的光纤通信业务造成影响。

总而言之，创业者应当在创业之初就注意企业的资产权利保护。即便不融资，资产权利的不完整性也会对企业发展造成不良影响。

2.2.3 商会、议事和决议规则

所谓商会就是股东会、董事会、监事会，如图 2-6 所示。

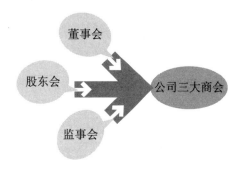

图 2-6　公司三大商会

在三大商会中，投资人最关注的是董事会，因为董事会和管理层一起享有公司的经营权，董事会席位关系到公司的控制权。根据我国《公司法》规定，有限责任公司的董事会成员为 3～13 人，股份制公司的董事会成员为 5～19 人，需要 5 名以上董事。通常情况下，董事会席位设置成单数，避免决策时陷入投票僵局。

由于后续融资会陆续带来新的投资人，董事会成员数会逐渐增加，建议

公司首轮融资后的董事会成员为 3～5 人。在完成首轮融资后，创始人应当还拥有最多份额的股权，所以应当占有绝大部分的董事会席位。如果首轮融资完成以后，创始人持有公司大约 60% 的股份，而投资人只有一个，那么，董事会的构成就应该是 2 个普通股股东 +1 个投资人 =3 个董事会成员；如果有 2个投资人，那么董事会的构成为：3 个普通股股东+2 个投资人=5 个董事会成员。

关于股东会，《公司法》第三十七条规定了股东会可以行使的各项职权，包括决定公司的经营方针和投资计划，对公司合并、分立、解散、清算或者变更公司形式做出决议等。在股东会方面，投资人与创业者一般不会产生分歧。

监事会是由股东会选举的监事以及由公司职工民主选举的监事组成的，与董事会并列设置，对董事会和总经理行政管理系统行使监督的内部组织。

《公司法》第五十四条规定，监事会、不设监事会的公司监事可以行使下列职权："检查公司财务；对董事、高级管理人员执行公司职务的行为进行监督，对违反法律、行政法规、公司章程或者股东会决议的董事、高级管理人员提出罢免的建议；当董事、高级管理人员的行为损害公司的利益时，要求董事、高级管理人员予以纠正；提议召开临时股东会会议，在董事会不履行本法规定的召集和主持股东会会议职责时召集和主持股东会会议；向股东会会议提出提案；对董事、高级管理人员提起诉讼等。"

在考察创业公司时，投资人还会考察董事会的议事和决议规则。其中，议事规则包括哪些事情必须让投资人同意、哪些事情投资人有一票否决权以及哪些事情是由股东会决定的。决议规则主要指三大商会的决议文件。创业公司应当保存好相关文件，包括纸质与扫描版。

当投资人尽职调查的时候，如果你能直接拿出公司经营过程中，商会产生的所有文件，投资人会对公司产生一个好印象。如果你告诉投资人"我不确定我们有这个东西"，相信投资人的脸色一定很难看，因为这是一个负责任的好公司不应当出现的情形。

2.2.4　整理劳动合同

劳动合同是指公司与员工确立劳动关系，明确双方权利和义务的协议。

签订或者变更劳动合同的双方应当遵守平等自愿、协商一致的原则，同时符合法律、行政法规的规定。依法签订的劳动合同具有法律约束力，当事人应当履行劳动合同的义务。

我国《劳动合同法》第十条规定了"建立劳动关系，应当订立书面劳动合同。已建立劳动关系，未同时订立书面劳动合同的，应当自用工之日起一个月内订立书面劳动合同。用人单位与劳动者在用工前订立劳动合同的，劳动关系自用工之日起建立"。

所以说，公司每进来一个人，都应当与其签订劳动合同，越早越好，最晚不要超过一个月。因为《劳动合同法》第八十二条规定了"用人单位自用工之日起超过一个月不满一年未与劳动者订立书面劳动合同的，应当向劳动者每月支付两倍的工资。用人单位违反本法规定不与劳动者订立无固定期限劳动合同的，自应当订立无固定期限劳动合同之日起向劳动者每月支付两倍的工资"。

创业公司与员工签订劳动合同时，需要注意以下 5 点，内容如图 2-7 所示。

图 2-7　签订劳动合同的注意事项

第一，选择劳动合同的类型。劳动合同分为固定期限劳动合同、无固定期限劳动合同和单项劳动合同。

1.固定期限劳动合同

固定期限劳动合同是指公司与员工约定合同终止时间的劳动合同，是一种最常用的劳动合同。

2.无固定期限劳动合同

无固定期限劳动合同是指公司与员工约定无确定终止时间的劳动合同。

根据《劳动合同法》第十四条规定，有下列情形之一，劳动者提出或者同意续订、订立劳动合同的，除劳动者提出订立固定期限劳动合同外，应当订立无固定期限劳动合同。

（1）劳动者在该用人单位连续工作满十年的。

（2）用人单位初次实行劳动合同制度或者国有企业改制重新订立劳动合同时，劳动者在该用人单位连续工作满十年且距法定退休年龄不足十年的。

（3）连续订立二次固定期限劳动合同，且劳动者没有本法第三十九条和第四十条 第一项、第二项规定的情形，续订劳动合同的。

用人单位自用工之日起满一年不与劳动者订立书面劳动合同的，视为用人单位与劳动者已订立无固定期限劳动合同。

3. 单项劳动合同

单项劳动合同是以完成一定工作任务为期限的劳动合同，是指公司与员工约定以某项工作的完成为合同期限的劳动合同。

具体选择哪一种劳动合同，公司应当与员工共同协商确定。有些创业者为了保持用人的灵活性，愿意与员工签订短期的固定期限劳动合同。有些员工为了有一份稳定的职业和收入，更愿意与公司签订无固定期限劳动合同。无论双方意愿如何，最终的选择应当是双方平等协商后一致同意的。

第二，注意劳动合同的有效性。《劳动合同法》第二十六条规定，下列劳动合同无效或者部分无效。

（1）以欺诈、胁迫的手段或者乘人之危，使对方在违背真实意思的情况下订立或者变更劳动合同的。

（2）用人单位免除自己的法定责任、排除劳动者权利的。

（3）违反法律、行政法规强制性规定的。

劳动合同依照《劳动合同法》第二十六条规定被确认无效，给对方造成损害的，有过错的一方应当承担赔偿责任。

第三，设立违约条款。违约条款应当包括服务期以及保密事项等约定。

根据劳动部发布的《关于违反〈劳动法〉有关劳动合同规定的赔偿办法》第四条规定："劳动者违反规定或劳动合同的约定解除劳动合同，对用人单位造成损失的，劳动者应赔偿用人单位下列损失：用人单位招收录用其所支付的费用；用人单位为其支付的培训费用，双方另有约定的按约定办理；对生产、经营和工作造成的直接经济损失；劳动合同约定的其他赔偿费用。"

《劳动法》第一百零二条规定："劳动者违反本法规定的条件解除劳动合同或者违反劳动合同中约定的保密事项，对用人单位造成经济损失的，应当依法承担赔偿责任。"劳动部《关于违反〈劳动法〉有关劳动合同规定的赔偿办法》第五条进一步明确规定："劳动者违反劳动合同中约定的保密事项，对用人单位造成经济损失的，按《反不正当竞争法》第二十条的规定支付用人单位赔偿费用。"

因此，创业公司可以根据上述规定在劳动合同中设立相关违约条款，保护自己的权益。比如，根据《劳动合同法》第二十二条规定，用人单位为劳动者提供专项培训费用，对其进行专业技术培训的，可以与该劳动者订立协议，约定服务期。劳动者违反服务期约定的，应当按照约定向用人单位支付违约金。违约金的数额不得超过用人单位提供的培训费用。用人单位要求劳动者支付的违约金不得超过服务期尚未履行部分所应分摊的培训费用。

另外，对于掌握公司机密的创业合伙人或者核心员工，可以设定保密条款和竞业禁止条款。根据《劳动合同法》规定，竞业禁止期限不超过两年。事先约定违约条款可以保护公司的合法权益不受损害，否则有可能给公司造成重大损失。

第四，设立免责条款。创业公司的实力还比较小，很难将员工入职之前的历史掌握清楚。如果遇到一些刻意隐瞒事实的应征者，公司很有可能无法察觉，导致未来因竞业禁止等原因承担连带赔偿责任。所以，提前在劳动合同上添加免责条款可以保护公司利益不受侵害。下面是免责条款范例：

"乙方员工向甲方公司保证，乙方在进入甲方公司工作之前，与其他任何机构和个人都不存在或者已解除劳动关系；无任何违法行为和民事与刑事纠纷。如存在隐瞒上述事实的行为，一经查实，甲方有权终止本合同，且造成的一切法律后果由乙方承担，与甲方无关。"

第五，及时变更条款内容。如果员工的岗位、薪资等发生变化，或者公司发生合并分立等情况，公司应当及时变更劳动合同中的相关条款内容。这样

做可以避免今后可能产生的劳动纠纷。

在劳动合同的签订和整理方面，创业者不能大意。无论是天使还是后续轮次的投资人都会关注员工的履历和劳动合同签订，所以公司需要在融资前将员工履历和劳动合同整理清楚。

（2.3）

股权方面的准备

在创始团队比较完整的情况下，投资人会重点关注团队的股权结构。一个健康的股权架构不仅可以反映创业公司的现在，还可以看到公司的未来。所以，创业团队在融资之前需要有一个健康的股权结构，尽可能将股权结构设计成有利于公司发展同时投资人乐于看到的形式。

2.3.1 合伙人之间的股权分配

股权架构是公司治理结构的基础，其具体运行形式表现为公司治理结构。不同的股权架构决定了不同的公司治理结构，同时也间接地影响了企业的行为和绩效。

对于创业者来说，合伙人之间的股权分配是至关重要的。股权分配得好，股权架构就合理。合理的股权架构可以使创业团队凝聚向心力，提高企业竞争力，从而使每个合伙人利益最大化。另外，合伙人之间的股权分配在一定程度上决定了未来融资的难易程度和成败命运。

初创企业大多还没有形成自己的商业模式，核心团队也没有正式形成。此时，合伙人之间的股权分配应当以资金入股、技术入股、管理占股为依据，保证创业团队的股权分配是公平的。下面我们看一个股权分配的案例。

Facebook 创始之初合伙人之间是这样分配股权的：马克·扎克伯格（Mark

Zuckerberg）65%，爱德华多·萨维林（葡萄牙语：Eduardo Saverin）30%，达斯汀·莫斯科维茨（Dustin Moskovitz）5%。

马克·扎克伯格是 Facebook 的开发者，也是一个意志坚定的领导者，占据了公司 65% 的股权。爱德华多·萨维林懂得如何通过产品盈利，而达斯汀·莫斯科维茨则懂得如何吸引更多的用户。

Facebook 创始之初的股权分配是没有问题的，但是在后续发展过程中出现了一个小意外，股权分配也发生了变动。由于爱德华多·萨维林不愿意放弃学业将全部精力投入公司，而他又占有 30% 的股份。随着创业合伙人不断加入时，就只能减少爱德华多·萨维林的股份。当爱德华多·萨维林的股份减少到 10% 时，他一气之下将公司的账号冻结，与昔日的创业伙伴反目成仇。

马克·扎克伯格减少爱德华多·萨维林股份的做法是对的，贡献少，股份一定不能太多。与此同时，马克·扎克伯格意识到天使投资可以帮助公司把产品和商业模式稳定下来，于是开始寻找天使投资。

马克·扎克伯格通过朋友关系认识了天使投资人彼得·泰尔，拿到了他的 50 万美元天使投资。而彼得·泰尔获得了 Facebook10% 的股份。不到一年，Facebook 拿到了 A 轮融资——阿克塞尔公司投资的 1 270 万美元，Facebook 市场估值 1 亿美元。2012 年，创立 8 年的 Facebook 在纳斯达克公开上市。

Facebook 在上市时使用了投票权 1 ∶ 10 的 AB 股模式，创始人马克·扎克伯格一人拥有 28.2% 的表决权。此外，扎克伯格还和主要股东签订了表决权代理协议，在特定情况下，扎克伯格可代表这些股东行使表决权，这意味着他掌握了 56.9% 的表决权。Facebook 的股权架构确保了创始人掌控公司，保证了公司的长远利益。

以上是比较合理的合伙人股权分配方案，那么，最差的股权分配方案是什么样呢？曾经见过这样一个项目，其股权结构是"34 ∶ 33 ∶ 33"。也就是说，三个创始人谁说了都不算，只有其中两个人加在一起才能做决定。另外，两个创始人各占 50% 也是类似的情况。这种均等的股权分配都是最不合理的。

真功夫是国内规模最大的中式快餐企业，也是唯一一家本土企业位列国内五大快餐企业之中。其合伙人之间的股权分配就是五五分，即创始人潘宇海与蔡达标夫妇各占 50%。最初的时候，潘宇海掌握着公司的主导权，姐姐潘

敏峰管收银，姐夫蔡达标负责店面扩张。

后来，蔡达标与潘敏峰离婚，潘敏峰所持有的 25% 股权归蔡达标所有。自此之后，真功夫就只存在两个各占 50% 股份的股东。即使后来引入了 PE 投资基金，两人的股权比例依然是 47% 对 47%。

随着股东的后续加入，资本方的天平倾向了蔡达标，而另一大股东潘宇海则被逐步边缘化。蔡达标听取投资人的建议开始着手"去家族化"改革，从很多知名餐饮连锁企业挖来众多职业经理人，代替真功夫多位与潘宇海关系密切的中高层。这一举动使潘宇海被进一步边缘化。最终，两位股东之间的矛盾爆发，冲突由此引爆。之后，潘宇海将蔡达标告上法庭，蔡达标被警方以"涉嫌经济犯罪"的名义带走。此后，潘宇海独掌真功夫。

很多人认为真功夫内斗是因为家族企业导致的，其实，真功夫的问题不在于家族企业，而在于股权结构。家族矛盾只是加剧了股权结构不合理所导致的矛盾。

真功夫的股权结构是两个股东的股权各占 50%，如果股东意见一致还好，不一致就很麻烦。事实上，每个股东对公司的贡献肯定是不同的，如果股权比例对等，就意味着股东贡献与股权比例不匹配。这种不匹配到了一定程度，就会引起股东的矛盾。另外，这种股权结构如果没有核心股东，也会容易引起股东的矛盾。真功夫股东之间意见不统一，存在不信任合作，最终导致激烈冲突。

对比 Facebook 和真功夫的股权分配，我们得到以下结论，如图 2-8 所示。

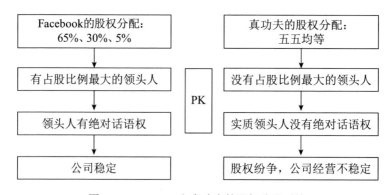

图 2-8　Facebook 和真功夫的股权分配对比

综上所述，公司要想稳定经营，必须有一个占据最大股权比例的领头人。

就算是未来融资给投资人分配股权后，领头人依然应当占有最大比例的股权，拥有绝对控制权。只有这样，才能保证他对项目的经营发展有足够的话语权，因为话语权来源于股权。

如何才能做到像 Facebook 一样合理的股权分配，避免五五分呢？以下介绍了初创企业进行股权分配的方法，希望为一些没有经验的创业者提供参考。这个股权分配安排方案是将各发起创业项目的全职参与者应获得股权比例进行结构化安排，即每个发起人的股权比例取决于 4 个决定因素，如图 2-9 所示。

图 2-9　合伙人股权分配的 4 个决定因素

影响最大的是创始人身份，创始人身份即 CEO 身份，这类人应独占一定比例的股权。在创业项目发起时，CEO 往往是创意的来源，是创业项目的牵头人。创始人对自己的创业项目最具有使命感，这样的人如苹果的乔布斯、Facebook 的扎克伯格。在股权分配比例上，其参考值为 25%，根据早期发起人的多少，可上下浮动 10%。

发起人身份应当获得的股权比例低于创始人身份。发起人身份的股权应当是均分的，最好以公平为原则进行分配。在这里，一起创业的各个合伙人，应无论职务大小、出资多少，一律平均获得该配额的股权分配。发起人身份股比例一般为 10% 左右。

出资额度对股权分配的影响在于全职发起人中提供现金或者渠道资源等可以获得额外股权。这里没有包括外部的天使或种子投资。这部分股权比例的额度应当按照发起人实际出资比例进行分配，这部分股权比例应不超过 20%。

岗位贡献是指发起人所在的岗位，能给公司带来的预期业绩贡献。只有全职创业的发起人才能够获取这部分股权，该部分比例一般为 45%。根据发起人职位和公司业务导向，确定发起人各自应得股权的比例，可以在均分原则

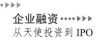

上进行浮动调整。

　　这种股权分配方案是比较合理的，既能够体现对人才的重视，又考虑到早期发起人资本投入的情况，避免了传统股权架构分配中让出资比例决定股权比例的弊端。

　　在这个合伙创业的新时代，创始人需要可以共同打开市场的合伙人。如果股权架构的基础打不好，你可能需要付出很大的代价来纠正这一错误。有时候，这种错误导致的结果甚至是无法挽救的。所以，合理分配合伙人之间的股权，做好初创公司的股权架构。之后，合伙人、投资人以及员工都会主动找上门来。

2.3.2　公司内部的股权成熟

　　股权成熟是指创始人的股权分 4 年成熟，每年成熟 25%，如果创始人中途离开或者被解职，未成熟股权将会以 1 元或者最低价格转让给投资人和其余创始人。股权成熟可以防止创始人突然从公司离开而带走大部分股权的情况发生。

　　例如，公司股权结构为 A 联合创始人 50%；B 联合创始人 30%；C 投资人 20%。

　　A 一年后离开，则：

　　成熟股权为 $50\% \times (2 \div 4) = 25\%$

　　未成熟股权为 $50\% - 25\% = 25\%$

　　股权成熟涉及 CEO、COO（Chief Operating Office，首席运营官）等创业者管理层分配到的股权。比如，COO 分配了公司 30% 的股权，最初的时候他信心十足，决心把事情做好，把公司做到上市。结果，一年之后，COO 被其他大公司挖走了，不干了。如果公司最终没有做成，这位出走的 COO 一定回来要求退出分钱；如果公司做成了，估值两亿元，这位出走的 COO 不贡献却占有 20% 的股份，这种情况对其他人很不公平。

　　所以说，股权成熟权就诞生了。在投资协议里，股权成熟权通常表述为"创始人同意，只要创始人持续全职为公司工作，其所持有的全部公司股权自本协议生效之日起分 4 年成熟，每满两年成熟 50%。如果从交割日起 4 年内创始人从公司离职（不包括因为不可抗力离职的情况），创始人应以 1 元人民币的象征性价格或法律允许的最低转让价格将其未释放的股权转让给投资人或投资人指定的主体"。

设立股权成熟权对创业公司有两个好处。第一个是公平，毕竟有付出才有收获，坐享其成是不被允许的。第二个是有利于创业公司吸引新的人才。如果你不做 COO，公司自然要找别人做 COO。如果人家看到公司的股权都已经分配完，而且前 COO 还占有那么多股份，人家就不会愿意进来。所以，这种情况需要由股权成熟权来把控大局。

投资人对创业公司的投资本身就包括了对创始人的投资，因此投资人倾向于设立股权成熟权也是无可厚非的。滴滴出行的天使投资人王刚是这样评价股权成熟权的："投资人的投资，其实就是买创始人的时间。"事实也是如此，如果你决定创业融资，本就应当有将全部时间和精力花费在公司上的觉悟。另外，股权成熟权并不影响创始人的分红权、表决权和其他相关权益，所以你应当在融资之前做好设立股权成熟权的准备。

2.3.3　公司内部的股权锁定

股权锁定条款是常用的投资协议条款之一。股权锁定条款是指创始人未经全部或部分特定投资人许可，不能在公司上市前转让自己的股权。对投资人来说，股权锁定可以有效防止创始人抛售股权出走。与股权成熟条款类似，股权锁定条款也是为了稳定住创始人。

一般情况下，创始人都会接受股权锁定条款，而且影响不大。但是少数创始人被这一条款害苦了。小夏（化名）是一个游戏公司的创业者，现在却只能做生鲜水果的 O2O。

小夏与小杨是大学同学，两个人一起毕业于一所国家重点理工大学的计算机系。两人都酷爱游戏，经常一起通宵打《刀塔传奇》。毕业后，两个有着共同梦想的年轻人一起创立了一家游戏公司，全力进军网游市场。

为了拿到投资人的巨额投资，没有融资经验的小夏和小杨没有经过充分考虑就签订了投资协议。小夏持股 30%、小杨持股 50%、投资人持股 20%。

他们的草率为后来小夏的遭遇埋下了伏笔。

依靠巨额投资，小夏和小杨的游戏公司先后推出了多款游戏，受到了市场认可。然而随着合作上的矛盾越来越多，小夏与小杨的关系再也不是亲密无间。最终，小夏写了辞职信，决定将自己的股份转让，然后通过二次创业实现自己的梦想。

事情远没有这么简单。融资的时候，小夏签字同意的投资协议中包含股权锁定条款。除非投资人同意，小夏根本不能转让自己的股份，除非等到公司上市。然而，这家游戏公司的上市前景可以说是遥遥无期。如果等到这家游戏公司上市以后小夏再二次创业，那已经晚了。也就是说，小夏的股票不是想卖就能卖的，必须等到游戏公司实现遥遥无期的上市之后才能转让。

另外，投资协议中还有竞业禁止条款，要求小夏从离开公司开始直到不再持有公司股权两年之后不能从事游戏业务和电子商务业务。这对小夏的打击是致命的，因为对于每天与互联网为伴，将青春奉献于互联网行业的小夏来说，与游戏、电子商务等互联网行业绝缘相当于让小夏下岗失业。

由于小夏和小杨共同创建的游戏公司始终不死不活地经营着，而持有30%股份的小夏因此被套牢。深知小夏实力的小杨以及公司投资人始终没有放过小夏，小夏不得已只能去做生鲜水果的O2O了。尽管生鲜水果与网络游戏一点关系都没有，但是小夏依然会担心生鲜水果O2O业务会触犯到竞业禁止的电子商务红线。小夏的悲剧会持续多久，谁也不知道。

股权锁定条款通常约定未经全部或部分特定投资人许可，创始人在公司公开发行上市前不得转让自己的股权。竞业禁止条款，通常约定公司的管理团队和核心技术人员离职后两年内，或在不再持有公司股权之日起两年内，不得从事与创业公司相竞争的业务。

在上述案例中，小夏的遭遇虽然让人深感同情，但是我们也不可否认，如果没有股权锁定条款，小夏轻易转让了自己30%的股份，对当初投下巨额资金的投资人来说会是很大的损失。另外，小夏若是离职后二次创业，依然从事网络游戏业务，对小杨和其他投资人带来的潜在威胁是非常大的。

但小夏离职满两年后，对原公司的了解程度已经不对小杨和其他投资人构成威胁或者改行从事与网络游戏无关的电子商务时，小杨和其他投资人的利益并没有受到影响。因此，小夏因疏忽签下的竞业禁止条款是非常苛刻的，即禁止期限过长而且禁止业务有所扩宽。如果签订投资协议时，小夏寻求一下专业人员的意见，其境况也不至于如此尴尬。

同样是股权转让被限制，王兵与小夏的遭遇截然不同。王兵是广州创显科教股份有限公司的创始股东，在股权限售期内卖出了自己持有的全部股份。

以下是广州创显科教股份有限公司在 2016 年 6 月 22 日发布的《创显科教：关于股东签署附生效条件的股权转让协议的公告》的主要内容：

"公司于近期得知，广州创显科教股份有限公司创始股东王兵先生（身份证号为 14010419730926××××），因个人创业需求资金，于 2016 年年初经与张燕华女士多次协商，欲将其持有的创显科教 1 920 900 股股份转让予对方，每股价格为 5.25 元，共 10 084 725 元。由于该股份处于限售期内，双方签署了附期限生效条件股份转让合同，张燕华女士以借款名义向王兵先生提供 500 万元，作为股份转让款的一部分，同时双方签署股份质押合同，王兵先生持有的全部股份质押在张燕华女士名下，并在中登办理了股权质押手续。王兵先生近期辞去监事职务，按公司法规定，其持有的全部股份需半年后方可解除限售，预计 2016 年年底方能通过股转系统按约定的每股 5.25 元转至张燕华名下。"

无论是股权锁定，还是股权限售，这些条款都不是绝对的。只要创始人与投资人协商沟通，征得投资人的同意，就能够转让股权。股权锁定条款是合理的，几乎所有的投资人都会要求这一条款，所以创业者要做好准备。

2.3.4　公司内部的期权激励计划

期权是指满足一定的条件时，公司员工将来以事先约定好的价格购买公司股权的权利。拿到了期权不等于拿到了股权，因为只有达到约定条件，比如达到工作期限或业绩指标，且员工看好公司前景花钱行权后才真正取得股权。

员工期权的逻辑是让员工未来低价买入公司的股权，并因此长期为公司服务，从而让手里的期权升值。员工期权有两个特征，一是员工买入股权的价格低，为了激励员工，公司给员工发放期权时参照的是低于公司当时估值的价格，所以员工未来买入股权的时候本身就可以赚取差价；二是员工获得期权后

拥有了分享公司成长收益的机会。员工手里的期权代表着未来收益，需要员工长期为公司服务来实现股权的升值。因此期权协议为员工提供了一个分享公司成长收益的机会。

关于期权，有很多问题大家不是很懂。比如，怎样真正拿到股权，何时能够变现，以及如何才能变现等。下面我们一起看看员工期权激励的 4 个步骤，内容如图 2-10 所示。

图 2-10　员工期权激励的步骤

第一步是授予，即公司与员工签订期权协议，约定好员工获得期权的基本条件；第二步是成熟，即员工达到约定条件，比如达到服务期限、完成工作业绩指标等，获得了以约定价格购买股票的权利；第三步是行权，员工可以花钱购买股票，将期权变成真正的股票；第四步是变现，即员工拿到股票后通过分红、分配公司被并购价款或者在市场公开交易等方式分享公司成长收益。

设立员工期权激励计划需要做好 5 项工作，内容如图 2-11 所示。

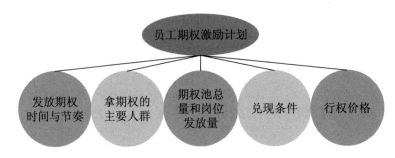

图 2-11　设立员工期权激励计划需要做的工作

1. 发放期权时间与节奏

有的创业者在公司初始阶段就开始大量发放期权，甚至开展全员持股计划，这样做的激励效果并不会很好。最恰当的做法是，对于创业团队的核心人员，经过磨合期就可以发放期权。但是对于非核心团队层面的普通员工，则不必急于发放期权。一方面，期权激励成本比较高，如果给单个员工一个半个点的期权，员工可能不买账；另一方面，过早发放期权可能会被认为是画大饼，起到负面激励效果。

因此，公司应当走到一定阶段之后再考虑给员工发放期权，激励效果会更好一些。创业者还要设计好发放期权的节奏与进度，为后续进入公司的人才预留足够的期权。

2. 拿期权的主要人群

期权激励的参与方有创业合伙人、管理层人员、骨干员工等。创业合伙人一般拿的是限制性股权，获得股权的时间前置，不参与期权分配。特殊情况下，如果合伙人持有的股权不足以匹配其对公司的贡献，则可以给合伙人增发一部分期权，以调整早期股权分配不合理的问题。中高层管理人员和骨干员工是拿期权的主要人群。

3. 期权池总量和岗位发放量

创业公司预留的期权池大小一般在 10% ～ 20%，互联网创业公司可能会更大一些。判断期权池具体多大，你可以看看自己公司还缺少多少重要员工。缺少的重要员工越多，角色越重要，预留的期权池就应当越大。

一般来说，创业公司越早融资，需要预留的期权池就越大，因为很多重要人员还没有到位。如果公司发展已经相对成熟，公司的人才构架组成接近完备，预留的期权池就可以设置小一点。

可以这样想，越是早期的创业公司，由于资金有限，无法用高薪留住重要人才，就只能用股权吸引。而一家资金充裕的成熟公司，完全可以用高薪、高福利吸引人才，根本不会用到太多股权。

确定期权池总量后，再综合考虑每个人的职位、贡献、薪水与公司的发展阶段，员工该拿到的期权大小就基本确定了。在确定岗位期权发放量时可以先按照部分分配，然后再具体到每一个岗位。

同一个岗位，员工进入公司的时间不同，授予期权时也应当区别对待。经纬中国合伙人邵亦波分享过他创办易趣公司时期权发放的标准。比如，对

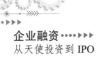

于 VP（副总裁）级别的管理人员，如果是天使轮融资之前进入公司的，发放 2%～5% 期权；如果是 A 轮融资前后进入公司的，发放 1%～2% 期权；如果是 C 轮或接近 IPO 时进入公司的，发放 0.2%～0.5% 期权。对于核心管理人员，包括 CTO（首席信息官）、CFO（首席财务官）等，可以参照 VP 的 2～3 倍发放。如果是总监级别的人员，参照 VP 的 50% 或者 30% 发放。

4. 兑现条件

兑现条件是指员工期权的成熟条件，也就是员工行权的时间。常见的兑现条件是时间成熟机制。第一种是 4 年成熟期，每年兑现 25%；第二种是满两年后成熟 50%，以后每年兑现 25%，4 年全部兑现；第三种是第一年兑现 10%，以后每一年兑现 30%，4 年全部兑现。

5. 行权价格

通过期权获得股权不是免费的，只是价格较低。与投资人花钱买股权不同，员工通过期权购买股票只需要花很少的钱。因此，期权的行权价格应当是公司股权公平市场价值的折扣价。行权价格应当能够让员工感受到自己通过期权购买股票占了很大的便宜，这样期权激励才有效果。

创业公司实施员工股权激励计划时，不仅要考虑发放机制，还要考虑退出机制。提前约定好员工离职时已行权的股权是否回购以及回购价格等，可以避免在员工离职时出现不必要的纠纷。

（2.4）

财务审计准备

内部审计工作是企业内部管理、实现有效控制的一种特殊形式。内部审计工作的落实有利于保证公司经营活动的顺利进行，实现企业经营管理目标。

从企业融资方面来说，内部审计工作的开展有利于公司在财务方面做好准备，达到投资人的要求。

2.4.1　检查银行对账单和流水账单

大家对银行流水可能并不陌生。银行里的每一个贷款产品，在申请材料里都有对银行流水的要求。对企业来说，银行流水也非常重要，主要包括银行对账单与银行流水账单两种形式。

银行对账单是银行和企业核对账务的联系单，具有证实企业业务往来记录的作用。在融资过程中，银行对账单可以作为企业资金流动的依据，帮助投资人认定企业某一时段的资金规模。

银行流水账单俗称银行卡存取款交易对账单，也称银行账户交易对账单，指的是客户在一段时间内与银行发生的存取款业务交易清单。

从获取程序方面来说，银行对账单与银行流水账单有所不同。银行对账单由银行直接提供给企业，然后由企业提供给审计人员，因此可能被企业改动。而银行流水账单一般是审计人员与企业财务人员一起到银行打印，可信度更高，毕竟银行和企业合谋的可能性很低。

检查流水账单有没有错误的方法很简单，即随意找一笔交易，打电话到银行，根据流水单上的明细输入要查询的日期，如果与银行客服所报的内容吻合就没问题；反之则是假的。

一般情况下，银行对账单与银行流水账单的内容是一样的。如果内容对不上，则银行对账单有作假嫌疑。

银行对账单应该结合银行流水账单、销售收入明细账、成本费用明细账以及客户的上下游合同一起做综合比较。拿到企业的银行对账单以后，可以从以下 5 点分析，内容如图 2-12 所示。

1. 识别对账单的真假

银行对账单与银行流水账单之间既有联系性，也有排斥性。如果两者之间的数字有差异，说明其中一个为假。下面是识别对账单真假的 4 个方法。

识别对账单的真假

看是否有节假日期间对公业务结算情况

核实贷方发生额

抽查大额资金往来

审查资金流出流入与企业业务的一致性

图 2-12 银行对账单 5 点分析

第一，看银行对账单、银行流水账单是否有与之相配的合同或者进出库票据以及其他辅助证明材料。第二，看银行对账单贷方发生额与银行流水账单（包括员工、公司领导私人卡）数字上是否有来回走账的可能，需核实。第三，贷方发生额越大，不表明企业经营状况越好，经营收入与贷方发生额、流水是无关的。很多企业为了避税选择走个人私人卡，因此数据的准确性需要调查与核实。第四，银行为了帮助企业贷款会帮企业找流水。这需要与审计人员了解和沟通，这一问题影响重大，不容易被发现。

2. 看是否有节假日期间对公业务结算情况

银行在节假日一般不对外办理对公业务，如果节假日发生对公业务结算情况，那银行对账单就是假的。特殊情况下除外，比如，交通银行面向单位客户推出“单位结算卡”产品，该产品提供 7×24 小时服务，真正实现包括现金存取等业务在内的全天候交易，客户节假日现金存取、信息查询不再困难。

3. 核实贷方发生额

一般情况下，贷方发生额应当大于企业当期的销售收入。如果贷方发生额小于企业当期的销售收入，说明销售收入有造假嫌疑。这里并不绝对，因为贷款也有收现金的可能。

4.抽查大额资金往来

在银行对账单中找出大额资金的项，然后对应合同、发票、收据、出库单等一起进行核实印证，看企业的结算交易记录是否真实。如果大额资金往来与合同、发票、收据及出库单对应一致，则交易的真实性较高。年前和年终几个月份是重点抽查月份，要仔细抽查。

5.审查资金流出流入与企业业务的一致性

比如，企业的交易金额大多在几百万元左右，但银行对账单金额却在几十万元或者几千万元徘徊，这时就需要注意了。另外要注意，流水总额超过销售额也不保证销售收入就一定是真的。企业有可能利用几个账户来回倒，所以需要注意借贷方是否正常。

现在很多企业都会使用一部分个人卡。对于企业使用的个人卡，审计人员需要进行鉴别，不能说企业随便拿过来几张卡的流水就属于企业。审计人员需看户主以及流水金额是否与企业业务相符。很多不规范的企业为了逃税，大部分收入都是走个人账户，审计人员审查时需要了解清楚企业的实际情况。

2.4.2 分析资产负债表

资产负债表、现金流量表、损益表是企业的三大财务报表，本节只讲述资产负债表。

资产负债表反映了企业在特定时间下的全部资产、负债和所有者权益情况。"资产 = 负债 + 所有者权益"是其基本结构。无论企业经营状态是亏损还是盈利，这一等式永远都成立。资产反映的是企业拥有的资源，负债 + 所有者权益反映的是企业内部不同权利人对企业资源的要求。债权人享有企业全部资源的要求权，公司以全部资产对不同债权人承担偿付责任。负债偿清之后，余下的才是所有者权益，即公司的净资产。下面我们看资产负债表的各个项目及其含义。

资产负债表的资料表现了企业资产的分布状态、负债和所有者权益的构

成情况。分析各项数据有助于评价公司资金营运、财务结构是否正常合理、公司承担风险的能力是否够高、公司的经营绩效好不好。

2.4.3　复核现金流量表

现金流量表是反映一定时期内（如月度、季度或年度）企业经营活动、投资活动和筹资活动对其现金及现金等价物所产生影响的财务报表。在市场经济条件下，现金流的多少直接影响着企业的生存和发展。即便企业的盈利能力好，但如果现金流断裂，也会对企业的生产经营造成重大影响，严重时还会造成企业倒闭。现金流的重要性引起了企业内外各方人士的关注，现金流量表在企业经营和管理中的地位也日益重要。

通过现金流量表可以计算出八大比率，下面我们看这八大比率的计算方法。

（1）自身创造现金能力比率＝经营活动的现金流量／现金流量总额

（2）偿付全部债务能力比率＝经营活动的净现金流量／债务总额

（3）短期偿债能力比率＝经营活动的净现金流量／流动负债

（4）每股流通股的现金流量比率＝经营活动的净现金流量／流通在外的普通股数

（5）支付现金股利比率＝经营活动的净现金流量／现金股利

（6）现金流量资本支出比率＝经营活动的净现金流量／资本支出总额

（7）现金流入对现金流出比率＝经营活动的现金流入总额／经营活动引起的现金流出总额

（8）净现金流量偏离标准比率＝经营活动的净现金流量／（净收益＋折旧或摊销额）

审计人员对企业现金流量表的核查不仅有助于企业对自身的支付能力、偿债能力、盈利能力等财务状况做出精准评价，而且能够通过各项现金流多少和比重变化发现企业在各种经济活动中存在的问题，帮助企业及时采取改正措施。

2.4.4　审查损益表

损益表是反映企业收入、成本、费用、税收情况的财务报表，表现了企业利润的构成和实现过程。企业内外部相关利益者主要通过损益表了解企业的经营业绩，预测企业未来利润情况。另外，损益表为企业分配利润和评价企业管理水平提供了重要依据。

具体到一个损益表，审计人员需要检查以下 5 项内容。

（1）损益表内的各个项目数据填列是否完整，有没有明显的漏填、错填现象。对于数据之间的钩稽关系（相互间可检查验证的关系），可以一项一项核查。

（2）检查损益表与其他附表之间的钩稽关系。一般情况下，损益表所列产品销售收入、产品销售成本、产品销售费用和缴纳的各项税金及附加的本年发生数应当与附表数据一致；损益表所列净利润应当与利润分配表的数据一致。

（3）核对损益表中各项目数据的明细账与总账是否相符。如果在分析核对中发现某些数据变化异常，则需要对疑点做进一步检查。

（4）结合原始凭证检查成本费用、销售收入、利润分配等各项数据是否准确。

（5）结合纳税调整检查企业所得税的计算是否正确，结合明细账和原始凭证详查各扣除项目，注意有无多列扣除项目或扣除金额超过标准等问题。

2.4.5　总结审计报告

审计报告是审计人员对公司财务进行审计和调查后撰写的一种审计文书，作用是反映企业经营现状、揭露问题、提出建议。审计报告没有固定的书写格式，各企业的审计人员可以根据实际情况自由决定写作方式。尽管写作方式不同，但是思路与方法是相同的。以下是在实践中总结的内部审计报告写作思路与方法，内容如图 2-13 所示。

图 2-13　内部审计报告写作思路与方法

　　第一，有条理。审计报告的内容撰写顺序一般是按照重要性排列。一般审计报告描述问题时的顺序为"为了审计⋯⋯抽查了⋯⋯，发现⋯⋯，金额数量⋯⋯，违反⋯⋯。当事人解释⋯⋯。我们建议⋯⋯"这样的写作顺序显得条理清楚，更容易受到高层注意。

　　第二，表达简明。审计报告应当尽可能多用图形或表格。图表的优势在于能把复杂的数据及文档直观展示给阅读者。

　　第三，分析详尽。审计报表必须用事实说话，切忌主观臆测。因此，分析揭示问题时需要注意以下三点。

　　（1）收集具体的数据。比如，注明抽查的项目是什么，发现的问题数据是什么，汇总的误差金额是多少等。数据越具体，结论就越准确，说服力越强。

　　（2）分析思路要开阔。分析思路不能局限在公司内，可以把数据放到全市、全省甚至全国范围来看，市场信息可以与网上信息对比来看。通过更广、更深的分析，情况会更加清晰，尤其是价格数据变更。

　　（3）了解原因要深入。审计的最终目的是针对发现的问题采取必要的解决措施，而找到问题发生的原因则是审计人员需要做的。因此，审计人员需要在分析数据后对问题的发生做出比较合理的解释。

　　第四，合理归类。由于审计工作烦琐复杂，参与人员众多，所以在总结审计报告时容易产生各类问题交叉罗列、杂乱无章的问题。比如，第一点讲工作流程的问题，第四点又提到工作流程的问题。这样掺杂的内容无法集中深入地揭示问题，不利于剖析问题形成的原因，自然也就找不到相应的对策和建议。所以说，总结审计报告时，撰写者需要按照一定的顺序将问题合理归类，让阅读者轻松归纳出问题的要点，执行相关的解决措施。

第五，提出可行建议。分析揭示问题后，审计报告便初步形成，只剩下提建议的部分。审计不仅为了发现问题，还要为解决问题而出谋划策。建议部分应当有针对性，给出明确的方案与做法。常见的"建议加强会计法、合同法的学习，提高自觉遵守国家法律法规的意识""建议进一步完善公司管理制度，加强内控管理"等是不具备操作性的建议，也不会有任何效果。

下面是某审计报告的建议部分："关于装修验收的问题，因为工程预算（总报价）与实际验收时数量相差较大，这是由于验收人员责任心不强，验收流于形式等造成的，所以我们针对所发现的问题提出建议：

（1）财务部按重新核准的装修工程款及相关审批手续，调整工程项目费用，对于未付的工程款，在支付时予以扣除；对于已付完工程款的项目，建议在质保金中扣除。

（2）建议集团总部制订或修改验收制度，对所属公司在进行工程验收时实行交叉验收制度，即 A 公司的验收人员对 B 公司完工项目进行验收，B 公司的验收人员对 A 公司完工项目进行验收。"

第一点针对问题对财务部提出具体建议，提醒财务部在支付款项时要扣除剔减的工程款；第二点则是对公司管理漏洞提出一个解决方案，防止以后出现类似的情况。两个建议既治标又治本，对完善公司的管理制度非常有利。

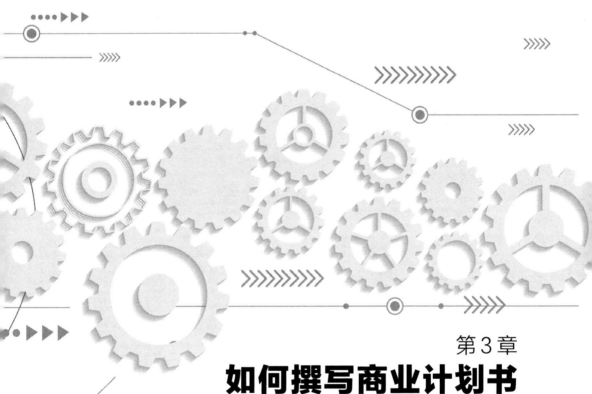

第 3 章
如何撰写商业计划书

商业计划书（Business Plan，BP），是创业者与投资人建立联系的载体。投资人通过商业计划书的内容对创业团队和创业项目做出初步判断，这一判断直接决定了投资人是否想要与创业者面谈。本章就来谈谈如何打造一份优质的商业计划书，帮助创业团队轻松约到投资人。

项目本身介绍

一份优质的商业计划书通常包含六大要素，分别是产品/业务、商业模式、竞品分析、团队/行业情况、运营/财务数据、融资规划。不同的商业计划书可以根据要素在不同项目中的重要性安排顺序，越是重要的内容越应当在前面。那么问题来了，针对这六大要素，我们要如何组织简练高效的语言进行表述呢？本节是对项目本身的介绍方法。

3.1.1 产品/业务：做什么，定位和痛点是什么

描述产品/业务是商业计划书中的第一项内容，主要介绍团队做的是什么，产品定位和痛点是什么。

阿里尔·杰克森（Arielle Jackson）曾在谷歌公司工作了 9 年，掌管着Gmail、Docs、Calendar、Voice 等产品的营销工作，有着丰富的产品营销推广经验。阿里尔·杰克森认为，"市场上的产品有很多，但是用户需求是有限的。创业者只需要针对一个用户痛点，满足这部分用户的需求"。

业内流传着一个陈述产品的公式，这个公式是这样的：产品的存在针对于 ××× 人群 + 描述潜在用户人群 + 产品属于 ××× 类别 + 核心卖点 + 与竞争对手产品的主要区别。这个框架可以对产品/业务做出尽可能清晰的定位。当然，创业者还要提前做一些准备工作。

比如，思考以下问题以便对产品的描述更加具体：产品/业务的工作方式

与竞品有何不同？选择这种工作方式的理由是什么？潜在用户的最大范围是什么（刚开始可以宽泛一些，然后再努力形容得更具体一些，最后描述出专属于你的典型用户）？目标用户的痛点是什么？目标用户会因为痛点产生什么样的情绪？其他竞争对手是如何解决相关问题的（对比自身与竞争对手彼此的长处和短处）？

回答了以上问题，创业者对自身产品的定位就变得清晰具体。亚马逊早期的定位陈述是非常典型的：针对互联网用户，那些热爱书的人。亚马逊是一家零售书商，能够即时提供超过110万本书。与传统书籍零售商不同的是，亚马逊的优势在于便捷、低廉和选择多样化。

除了亚马逊，还有一个定位精准的全球著名品牌——哈雷戴维森（Harley-Davidson），这是全球闻名的摩托车品牌，它们是这样描述自己的：唯一一家可以制造出重型、有巨大轰鸣声的摩托车制造商，主要针对美国地区那些具有男子气概的男人以及哈雷戴维森的崇拜者。在这个缺乏个人自由的年代，哈雷戴维森可以帮助用户重温西部牛仔的梦。而哈雷戴维森的宣传词则为："American by birth. Rebel by choice.（生在美国，选择叛逆。）"

产品名字、品牌信息以及产品特征都源自于产品定位，所以投资人非常看重这部分内容。好的产品定位可以帮助创业者吸引投资人的眼球，阿里尔·杰克森也是这样认为的，"如果在商业计划书里对产品定位陈述精准，对方将对你公司的一切有一个很清晰的印象"。下面是描述产品定位的3个步骤，内容如图3-1所示。

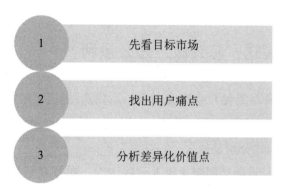

图 3-1　描述产品定位的 3 个步骤

1. 先看目标市场

目标市场就是对市场进行细分后选择出的市场，即明白产品是给谁用的（Who）。这是陈述产品定位的第一步。

2. 找出用户痛点

产品所满足的用户需求对应的就是用户痛点。简单地说，痛点就是用户在正常的生活中遭遇的麻烦、纠结和抱怨，如果不能将问题解决，他们就会陷入一种负面情绪中，产生痛苦。因此，用户需要一种解决方案化解自己的痛点，使自己的生活状态恢复正常。产品就是因为化解了用户痛点才被用户所使用。描述产品解决的用户痛点是陈述产品定位第二步。

3. 分析差异化价值点

差异化价值点就是将目标市场需求、产品以及竞争对手产品定位综合考量，提炼出产品的独特价值点。分析产品的差异化价值点实际上是在考虑产品的特性，以及如何与其他营销属性结合的问题（Which）。当时乔布斯就是因为考虑到戴尔、康柏等办公电脑公司的竞争，为了差异化定位，从而转变苹果电脑的产品定位的。

产品定位与四种因素有关：产品、企业、用户和竞争者，即产品的特性、企业的资源、用户的需求与偏好、竞争对手的市场位置。创业者需要将这四种因素结合在一起考虑，然后准确描述出自己的产品／业务。

3.1.2　商业模式：怎么做，怎么盈利

投资人的投资目的是获得财富增值，所以产品的商业模式是投资人格外关注的一部分内容。在这部分，我们需要说明项目的核心业务流程是什么，近期和远期的盈利模式分别是什么。

商业模式的本质是"利润＝收入－成本"。在互联网时代，这一公式需要站在长期的视角来考虑。也就是说，项目在当前可以不赚钱，但是在未来必

须要赚钱，还要赚大钱。创业者则要想清楚如何向投资人说明项目会在未来能赚钱，并且能够赚大钱。

以 Google 和 Facebook 为例，它们诞生之初都没有明确的商业模式，但是现在却都不怎么为收入发愁。它们都没有直接从用户身上赚钱，但是当用户数量积累到一定程度的时候都找到了赚钱的门道，比如广告。在互联网时代，只要产品能够吸引到足够多的用户，商业模式就不成问题。

3.1.3 竞品分析：竞争对手的财务、产品、优劣势

如果一个创业者对自己直接的或者潜在的竞争对手都无法准确识别出来，那么让投资人去投资几乎是不可能的。竞品分析的作用是帮助创业者看清自己的优势与劣势，集中全部资源，瞄准一个对手，将其打败。

在做竞品分析之前，创业者首先要找到一个合适的竞争对手。第一步是选择竞争领域。对市场进行细分，选择自己定位的细分市场。与此同时，竞争对手也就锁定在这一细分领域中。第二步是选择竞争目标。企业对未来发展的预期决定了企业为之奋斗的目标。在实现目标的过程中，会有很多竞争对手阻碍企业向前发展，那些与企业有相同目标的公司就是企业的主要竞争对手。找到竞争对手之后，就可以展开分析和对比工作了。竞品分析主要从下面 5 个方面进行，内容如图 3-2 所示。

1	财务指标
2	竞品分析
3	优势和劣势
4	企业经营哲学
5	人力资源政策

图 3-2 竞品分析的 5 个方面

1. 财务指标

竞争对手的关键财务数据可以表现竞争对手经营状况的好坏。一般公司

不会只做单一业务，所以对竞争对手财务指标信息的收集包括集团、部门和单位甚至更多方面。

2. 竞品分析

一般情况下，企业之间的竞争就是在产品和服务层面展开的竞争。在生产层面，还有对有限资源的竞争。但是企业最在乎的是产品竞争。竞品分析应当从产品定位、市场定位、成本及价格、广告投入、发展趋势等方面进行。如果是针对专业服务类公司，对手的主要服务对象、服务范围以及服务水平都是值得分析的内容。

3. 优势和劣势

竞品分析一定要建立在客观基础上，尽量减少主观愿望对竞品分析的影响。在分析过程中，不能过分强调竞争对手的优势，也不要主观臆断地扩大竞争对手的劣势，否则会让投资人抓住把柄，怀疑你的能力。例如，一家美国创业公司寻找投资人时，在商业计划书的竞品分析环节写到"几家主要竞争对手已经濒临破产"。投资人当然不会相信其主观臆断之词，并将其作为笑话讲给朋友听。

4. 企业经营哲学

企业的经营哲学是企业战略和经营行为的思想支撑。比如，企业董事长、CEO 的管理风格如何？企业的财务原则是什么？如何控制其产品成本？这些都与企业的经营哲学有关。所有的公司都一样，竞争对手的经营哲学也会影响企业组织结构和管理风格。因此，进行竞品分析，对其经营哲学的了解和分析也必不可少。

5. 人力资源政策

人力资源政策在很大程度上影响了企业的战略和业绩。例如，较低的薪酬水平不能吸引和留住优秀人才，也会影响到企业的经营绩效，无法实现长远的目标。除了薪酬制度外，企业还要分析竞争对手员工的质量和资历水平，以及为员工提供了哪些培训机会和职业生涯规划等。对竞争对手人力资源政策的分析可以帮助创业企业改善自身的人力资源政策。

竞争对手分析可以为企业决策层制定战略提供依据。决策者可以对竞争对手实际采取的竞争行为与自己预计的行为加以对比，并且对竞争对手采取的异常行为加以重点关注。不言而喻，对竞争对手的分析应当秘密进行，绝不能让竞争对手察觉到，否则竞争对手就会施放虚假信息，从而干扰自身企业对他们的分析。

总之，对竞争对手有一个清醒的认识不仅有利于创业企业在竞争中处于主动地位，还能因此给投资人留下思虑全面的印象，有助于成功拿到投资人的投资。

3.1.4 团队/行业情况：我为什么能做好

通过产品方面的基本信息，投资人已经基本认可了你的产品。接下来，你需要向投资人证明为什么这个产品只有你可以做好。

首先，介绍创业团队的优势。在创始人方面，名校名企以及知名项目的经历会给创业者一个优秀的标签。即便没有标签也不要紧，创业者可以具体说出自己在相关行业的经验及成就。在团队成员部分，要体现专人专用的思维。一个合理的创业团队职能布局应当有绝对领导者、天才技术人员、行业资深人士、销售人才、理财专家5种人。人脉资源也是团队的优势，比如团队吸引了巨头的关注，与巨头建立了合作关系。

其次，介绍项目所在行业情况。对投资人来说，项目所在市场的前景好坏在很大程度上影响了投资人的投资决定。原因很简单，市场在未来5年到10年内的变化是好是坏基本上可以预测，在这一基础上，只要选择靠谱的创业团队，然后投入资金就能保证股权升值。

什么样的行业情况容易受到投资人的关注呢？市场空间足够大，可以容纳百亿级别的上市公司。要想知道市场空间大小，就必须分析当前市场已有上市公司的情况。如果你的经验足够丰富，你应当知道最好的创业机会来自与上市公司形成业务服务互补或是目标客户群体的差异化之处。

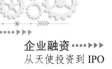

天奇阿米巴基金投资内容创业服务平台新榜时，其创始合伙人严天亦是这样说的："越来越多的创业公司选择在微信、微博和其他第三方平台上发展，而不是马上就开始自己发布一个 App。这种模式下必然需要一个中立权威的数据平台，新榜横跨多平台的数据统计恰恰是一个非常好的选择。另外，建立在先发优势的基础上，新榜后期有很多衍生服务可能性，这些服务会提供很多宝贵的 Know-How（专有技术）。"

总而言之，团队越是优秀，市场越大，项目就越吸引人。一个明星创业团队加上亿级的需求，就算商业模式还不明确也是非常吸引投资人的，因为有用户就有转化！

3.1.5　运营/财务数据：里程碑数据有哪些

运营/财务数据包括注册用户数量、活跃用户数量、网站人均浏览次数、官微粉丝数、传播效果、收入、利润、平均客单价等。运营/财务数据是商业计划中最有说服力的数据，是产品以外最直观的体验。

创业者应当在融资之前尽早开始接触用户，这样才能将产品在市场中初步验证的情况告诉投资人，使之成为项目优质的有力证明之一。

创业者可能会因为开始阶段的用户量、访问量小，所以不愿意引用数据。事实上，找出四五个关键数据可以加深投资人的印象，这比单单用文字说明会有用很多。具体如何披露运营/财务数据，创业者可以根据自身考虑的保密性要求选择适当披露。

3.1.6　融资规划：融资金额和融资用途

充分说明以上各部分内容并得到投资人的初步认可之后，就可以开始提钱的事情了。本部分需要向投资人说明你的融资规划，具体包括融资金额和融资用途。

关于融资金额，需要具体到数值、美元还是人民币。关于融资用途，需要细化到具体项目。这部分内容需要创业者根据审慎思考的业务拓展计划制订具体的资金分配方案，需要充分体现创业者的战略规划能力，同时也需要体现创业者花钱的能力。

一般情况下，创业者可以将融资金额说清楚，但是对于融资用途则说得不够细致。融资用途应当是资金到位后公司未来 3 ～ 5 年的发展规划，花钱的节奏和花钱的结果都应当一目了然。

创业团队拿到融资后有三大用途，内容如图 3-3 所示。

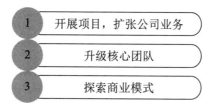

图 3-3　融资的三大用途

一是开展项目，扩张公司业务。大多数创业者进行融资的目的都是扩张公司业务，提升市场占有份额。在这部分，应当写清楚具体的财务规划，比如采购原料花费、广告投入花费、租用场地花费等。

二是升级核心团队。大多数创业者都知道拿钱扩张公司业务，但是很容易忽视的一点就是升级核心团队。假如你的公司处在发展的重要转折期，但是创业团队保持不变，发展速度很容易受到限制。所以，你应当做的是花钱请牛人加入你的团队。

三是探索商业模式。商业模式没有最优，只有更优。所以创业团队需要始终不忘优化和升级商业模式。与此同时，还需要检查商业模式优化和升级的效果，否则钱就是浪费了。

说完融资用途以后，还需要向投资人说明花钱节奏，让投资人心里有底。确定花钱节奏的方法如图 3-4 所示，创业者可以参考。

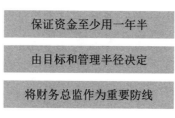

图 3-4　确定花钱节奏的方法

首先，保证资金至少用一年半。拿到投资虽然是一件好事，但创业者还是要一步一个脚印，踏踏实实做规划。市场变化非常快，你无法保证项目的进展会达到预期，更无法保证下一轮融资会比现在还要顺利。所以，一定要做财务规划。要知道，计划用一年半的钱，很有可能一年多一点就花完了；但如果不计划，有可能半年不到就没有了。

　　其次，由目标和管理半径决定花钱节奏。企业试图达到的目标直接影响着花钱节奏，因为融资的目的就是达到既定的市场份额。完成目标才有利于下一轮顺利融资，所以根据目标确定花钱节奏是没有问题的。另外，管理半径影响花钱节奏是因为公司要花钱扩张就会增加管理问题。如果管理跟不上，那么花钱节奏就要慢一些。

　　最后，将财务总监作为重要防线。财务总监是对公司财务最了解的人。一个称职的财务总监应当会告诉管理者什么钱该花，什么钱不该花，而不是每个业务经理开口要钱的时候都同意。所以说，财务总监是公司财务的重要防线。

　　如果你按照上面的方法做了融资规划，投资人大概不会在这里抓住把柄，以你有可能会乱花钱为借口拒绝投资。

3.2

投资人权利、收益

　　投资的本质是一个钱生钱的生意。俗话说，不以结婚为目的的恋爱都是耍流氓。与之类似的，不以赚钱为目的的投资也都堪称耍流氓。每一个投资人决定投资一个项目就是为了赚钱，没有投资人会为了服务社会而选择投资一个项目。所以，在商业计划书中，我们需要将投资人的权利、收益表现出来。因为只有项目预期回报高的时候，投资人才有可能考虑投资。

3.2.1 股份出让：投多少钱，换多少股

创业者融多少钱，出让多少股份直接关乎投资人投多少钱，换多少股。确定创业公司需要的融资金额以后，就可以根据公司估值确定投资人可以换多少股。

在第 2 章 2.1.4 小节中，我们讲到如何与投资人讲估值，这里不再赘述。知道如何确定公司估值以后，还需要知道如何确定融资金额，然后才能计算出公司出让的股份。

融资金额不能太大，否则投资人会因为风险大而拒绝投资；融资金额也不能太少，否则无法满足公司的发展需求。对于初创公司来说，可以通过运营成本来估算需要多少投资金额。一年半的运营成本是一个比较合适的数值，上下浮动 10% 都可以。

为什么是一年半的运营成本？如果是一年，融资较少，公司经营会抓得非常紧。这就造成几个月后又得出来拉融资，无法将自己的精力集中在创业之上，这对公司有弊无利。如果是两年，那就等于用现在的估值去募集两年后需要的资金，对公司来说是不合算的。因为理想情况下，初创公司在两年内估值翻几倍不成问题。所以用两年的运营成本作为融资金额会造成公司股权的浪费，不利于公司的发展。

那么，如何计算一年半的运营成本呢？下面是三个重点：一是不需要计算准确值，找到范围即可；二是灵活对待财务模型，预算表只是一个参考，不一定要严格按照预算表去执行；三是保证营收 / 毛利增长大于成本增长，否则说明公司的经营出了问题。

在实践过程中，有些创业者将房租、员工薪资、广告营销等费用一项一项摊开来计算，这是比较原始的做法。当前使用比较广泛的模型为"运营成本＝人员薪资 × 乘数"。在美国等发达国家，一家公司的运营成本等于员工薪资 ×2。在中国，一家公司的运营成本＝员工薪资 ×10。比如，你的公司一年半时间里的员工薪资为 50 万元，那么这一年半的运营成本大概为 500 万元。

计算出需要的投资金额后，建议确定大于这一数值的融资金额。当然，

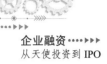
我们讨论的不是几亿元的差别，而是 1 000 万元和 1 200 万元的差别。这样的融资额差异可以给公司提供更好的试错机会，让公司在经济环境不景气的情况下也能继续扩张。

有了融资金额，即投资人需投入的资金，投资人换得的股份比例也就计算出来了，即股份比例＝投入资金／估值。

3.2.2 收益分配制度

收益分配是将企业实现的净利润按照一定的形式和顺序在企业和投资人之间进行分配。收益分配制度直接关系到投资人的利益，所以投资人会重点关注这方面的内容。在制作商业计划书的时候，创业者需要将这一部分内容写进去。那么，企业收益分配制度包括哪些内容呢？企业收益分配制度的内容如图3-5 所示。

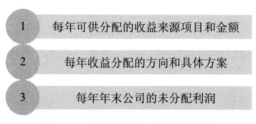

图 3-5　企业收益分配制度的内容

第一项内容是每年可供分配的收益来源项目和金额。企业可供分配的收益由以下三部分组成。

（1）本年实现的净利润。本年实现的净利润是可供分配收益中的重要来源，它和损益表中披露的年度净利润应保持一致。

（2）年初未分配利润。年初未分配利润是指截至上年年末累计的未分配利润，构成可供分配利润的重要组成部分。

（3）其他转入。其他转入主要指盈余公积转入。当企业本年度没有利润，年初未分配利润又不足时，为了让股东对企业保持信心，企业会在遵守法规的前提下，将盈余公积转入参加利润分配。

第二项内容是每年收益分配的方向和具体方案。根据《公司法》等有关法规的规定，一般企业和股份有限公司当前收益应按照下列顺序分配。

（1）弥补以前年度亏损。

（2）提取法定盈余公积金。

（3）提取法定公益金。

（4）支付优先股股利。

（5）提取任意盈余公积金。

（6）支付普通股股利。

（7）转作资本（股本）的普通股股利。

这一顺序是不能颠倒的。也就是说，在企业以前年度的亏损未得到完全弥补前，不得提取法定盈余公积金和公益金；在提取法定盈余公积金和公益金以前，不得向投资人支付股利和利润；支付股利的顺序必须是先支付优先股股利，后支付普通股股利。

第三项内容是每年年末公司的未分配利润。企业本年实现的净利润进行了上述分配后，仍有余额，即为本年的未分配利润。本年未分配利润加上上期未分配利润的合计数，即为本期末未分配利润累计数。

3.2.3 退出机制：什么情况下可以退出

投资的本质就是一个投资—退出—再投资的循环过程。作为投资的一环，退出是投资人所投资的企业发展到一定阶段后将股权转化为资本形式而使股权持有者获得利润或降低损失的过程。资本的退出不仅关系到投资人的收益，更体现了资本循环流动的活力特点，因此退出方式的选择及操作显得尤为重要。

投资人退出资本的方式主要有 4 种，包括企业上市、股权转让、回购、清算等。创业者应当在商业计划中给出退出机制，让投资人知道什么情况下可以退出，这是投资人比较关心的关乎自己利益的一个部分。下面我们分别看看投资人 4 种退出方式，内容如图 3-6 所示。

图 3-6　投资人 4 种退出方式

1. 企业上市

企业上市是投资人最理想的退出方式，可以实现投资回报最大化。企业上市之后，股票可以在证券交易所自由交易，股东只须卖出股票即可。

股市飙升的股价和更高的估值使得上市成为一众投资人梦想的退出方式。然而，上市虽好，但是对企业资质要求较严格，手续比较烦琐，成本过大。大部分创业公司都不会向投资人保证企业一定能上市，但是投资人看准项目后更愿意赌一把。

2. 股权转让

股权转让是指投资人将自己持有的股权和股东权益有偿转让给他人，从而实现股权变现的退出方式。根据股权交易主体不同，股份转让分为离岸股权交易和国内股权交易。2016 年上半年，股权投资机构通过股权转让退出的交易有 35 笔。

3. 回购

回购是指投资人可以通过股东回购或者管理层收购的方式退出。回购价格的计算方式有两种。

一是按投资人持有股权的比例计算，相当于待回购股权对应的投资款加上投资人完成增资出资义务之日起每年以复利率 8% 计算的投资回报，加上每年累计的、应向投资人支付但未支付的所有未分配利润（其中不满一年的红利按照当年红利的相应部分计算金额）的资金额。

二是由投资人和代表公司 50% 投票权的股东共同认可的独立第三方评估

机构评估的待回购股权的公允市场价格。如投资人要求，待回购股权的价格可根据红利派发、资本重组和其他类似情况经双方协商进行相应调整。

通常情况下，股东回购的退出方式并不理想，只是保证了当目标公司发展不好时，投资人所投资金可以安全退出。

4. 清算

创业者不会希望自己的公司发生清算，投资人也不希望发生这种事，因为通过公司清算来退出投资是投资人获益最少的退出方式。但如果公司经营失败或者其他原因导致上市、股权转让等不可能时，投资人就只能通过这种方式退出。

在商业计划书中向投资人说明退出机制就像给投资人吃了定心丸一样，投资人也因此知道创业者的思虑是比较长远的。

3.3
BP 润色技巧

完成商业计划书的内容和架构之后，还需要为其润色包装。人靠衣装马靠鞍说的就是这个道理。下面从数据、色彩、图形和字体排版 4 个方面看看商业计划书的润色技巧。

3.3.1 数据量化：多用数据，实现可视化

数据的无限魅力在于可以将事物的本质和发展动向完整、真实地呈现出来。对于创业者来说，首先得清楚自身项目的运营数据，然后再看市场数据、竞争对手的数据等。另外，创业者还要善于收集用户反馈的数据，通过分析这些数据，创业者可以洞察用户偏好，然后迎合用户偏好，最终增加项目的受欢

迎度。在商业计划书中多用数据，可以直观清楚地表达观点，对投资人更具有说服作用。

任何人都无法预测未来，投资人能够做的就是拿到第一手数据，为投资决策找到靠谱的依据。所以对创业者来说，为了说服投资人投资，应当更加精准地定位自己的商业模式。你可能觉得市场很好、团队很好、商业模式也是正确的，但是你没有了解不确定性的方面。

如果意识到自己的创业项目有很大的不确定性，那么你就应当知道摆出数据的好处，比如项目运营数据、市场大小数据、风险数据等。这样做的结果不仅仅可以帮助你自己看清楚前路的艰辛，做出更好的规划，还能够让投资人更好地判断是否给你投资。将数据放在商业计划书中需要经过 4 步处理，内容如图 3-7 所示。

图 3-7　将数据放在商业计划书中经过的 4 步处理

1. 获取数据

创业者要把商业计划书中的各个项目牵涉到的数据问题总结起来，确定从哪些方向来分析问题。界定问题后，创业者就可以采集数据了。这一环节需要创业者使用结构化的思维以及对问题的理解能力，创业者可以阅读《金字塔原理》《麦肯锡意识》《麦肯锡工具》《麦肯锡方法》等书籍，学习使用思维导图、mindmanager 等软件。

2. 处理数据

数据处理是获得最终数据的重要环节，是一个需要花费大把时间的过程。创业者要学习使用先进的数据处理工具，提升数据分析效率。最新最有效的数据处理工具包括 Excel、UltraEdit、ACCESS、Orcle、SQL sever、SPSS Modeler、SAS、R 开源软件等。

3. 分析数据

数据分析离不开各类数据模型，包括预测模型、关联规则、分类、聚类等。创业者可以阅读《谁说菜鸟不会数据分析（入门篇）》和《谁说菜鸟不会数据分析（工具篇）》等入门级数据分析类书籍。

4. 呈现数据

数据分析得到结果后就可以用在商业计划书里了。呈现数据的方式有表格、图表等。创业者可以阅读《说服力让你的 PPT 会说话》《别告诉我你懂 PPT》等书籍。

在大数据时代，"数据会说话"。如果你正准备撰写商业计划书，那么多使用数据吧，让数据为你说服投资人！

3.3.2　色彩搭配：低于4种颜色

很多创业者在制作商业计划书时都忽视了整体色彩配搭的重要性。事实上，色彩会影响人的心情，合适的色彩搭配可以让投资人在一个好心情下阅读你的商业计划书。需要注意的是，商业计划书中的色彩主要包括字体色、背景色、主色和辅助色 4 种，超过 4 种色彩会过犹不及。

字体色一般为灰色和黑色，在黑色背景下也可以是白色；背景色通常为白色和浅灰色，一些创业团队也喜欢用黑色；主色通常是指主题色或者 logo 色，比如医疗主题的常用颜色是绿色；辅助色是考虑到主色过于单一，对主色进行补充的颜色。下面看常用的几种色彩搭配方案。

1. 黑白灰

黑白灰的色彩搭配方案是一种非常安全的配色方案。这种配色简洁大气，通过大面积的留白，营造出设计感。常用的黑白灰色彩搭配方案如图 3-8 所示。

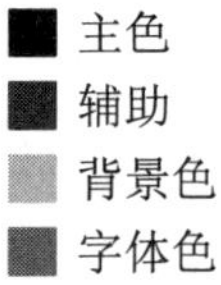

■ 主色
■ 辅助
▨ 背景色
▨ 字体色

图 3-8　常用的黑白灰色彩搭配方案

2. 黑白灰 + 任意单色

黑白灰 + 任意单色的色彩搭配方案是商业计划书使用最广泛的一种配色方式。一般情况下，单色作为主色，黑色、白色或灰色作为辅助色、背景色和字体色。关于这种配色方式，我们整理了 5 种配色方案，如表 3-1 所示。

表 3-1　黑白灰 + 任意单色的色彩搭配方案

色彩搭配方案	主色	辅助色	背景色	字体色
一	黄色	黑色	灰色	白色
二	红色	白色	灰色	黑色
三	蓝色	白色	白色	灰色
四	绿色	灰色	黑色	白色

3. 黑白灰 + 同类色

同类色是指颜色色调一样，但是饱和度和亮度不同的颜色。简单来讲，深浅不一样的同种颜色就是同类色。获得同类色的方法很简单，只要打开自定义调色板，更改颜色的亮度和饱和度，就能得到同种颜色的无数种同类色。关于这种配色方式，我们整理了三种配色方案，如表 3-2 所示。

表 3-2　黑白灰 + 同类色的色彩搭配方案

色彩搭配方案	主色	辅助色	背景色	字体色
一	蓝色	蓝色同类色	白色	灰色
二	红色	红色同类色	白色	灰色
三	绿色	绿色同类色	白色	灰色

4. 黑白灰 + 相近色

相近色是指色轮上左右相互邻近的颜色，这种配色的使用方法也比较广泛。最常用的相近色为红配黄、蓝配绿、绿配黄等。相近色的配色在视觉上非常温和，可以营造非常舒适的视觉感受。

5. 黑白灰 + 对比色

对比色是指色轮上呈 180 度互补的颜色，比如红色与绿色、橙色与蓝色、紫色与黄色。这种配色形成了强烈的色差对比，能够有效吸引注意力。如果想要强调商业计划书中的某些内容，可以使用这种配色方案。

配色作为给商业计划书添彩的部分，创业者可以略微学习一下。

3.3.3　结合图片：尽可能用图片陪衬文字

逻辑清楚的图形图片可以让投资人简明直接地看懂你想要表达的内容，而一篇又一篇的文字则会让投资人回想起上学时使用的政治课本。

一位天使投资人与一个做网红孵化项目的创业者面谈。那个创业者做的事情为规模化培养网红，然后帮助这些网红利用不同的渠道变现。比如有做音乐达人的网红，有做美妆达人的网红，有擅长服装设计的网红。

然而，虽然网红直播很火，项目创意也不错，但是投资人拒绝给他投资。原因是投资人发现该创业者的 BP 没有一张图片，因此对项目没有什么预期。该投资人称："那份 BP 给人的感觉简直就是一个农业项目，连一张配图都没有，这肯定是有问题的。网红项目属于时尚领域，那就应该用时尚的多元化的方式进行表达。"

移动互联网的时代，海量信息席卷而来，用户获取信息的时间有限，冗长的内容只能被掩埋。投资人也是普通人，对于长篇大论的文字也会感到头疼。所以说，创业者需要使用图形图片对商业计划书中的内容加以说明，同时也能缓解投资人面对大量信息的压力感。

"眼睛能留住耳朵会忘记的东西。"这就是文字得以存在的原因。而图文并茂的商业计划书除了提供给投资人必要的信息之外，还给投资人增添了一定的想象空间。

3.3.4　字体排版：文字大小适中，排版整洁精练

不同投资人的风格不同，有的重视技术层面，有的重视数据分析，有的只在乎主流趋势，还有的看创业团队不看项目。为了成功拿到投资，创业者必须提前了解投资人的风格，投其所好。在制作商业计划书的时候，也就需要针对不同的投资人进行不同板块的侧重，切忌一份商业计划书走天下。

商业计划书最终呈现给投资人的风格与排版效果有直接关系。排版效果是投资人对商业计划书的第一印象，排版看起来舒服，投资人就有兴趣继续阅读；反之，投资人可能会放弃阅读。最普遍的商业计划书排版要求如下。

字体：宋体。

字号：商业计划书名称为二号，楷体_GB2312，粗体；一级标题为三号，黑体，粗体；二级标题为小三号，楷体_GB2312，粗体；三级标题为四号，宋体，粗体；正文为仿宋四号；图、表标题为五号，宋体；内容为五号，宋体；页眉页脚为小五号，宋体。

行距：正文为1.2倍行距；标题行距为单倍行距。

页面设置：页边距为上侧2.5厘米；下侧2.5厘米；左侧3厘米；右侧3厘米；装订线为0.5厘米。

在排版过程中需要注意两个问题，一是多使用小段文字；二是用金字塔原理凸显层次感。

1. 多使用小段文字

如果在商业计划书中使用大段文字，那么不仅页面不美观，而且投资人看起来也很吃力。如果真的需要大量文字，创业者应当学会使用小段描述，并且尽可能地简练语言。

2. 用金字塔原理凸显层次感

如图3-9所示，为金字塔原理的基本结构。商业计划书使用金字塔原理可以凸显内容的层次感。大标题开头应当使用"一、""二、""三、"的形式并加粗，代表文章金字塔结构的塔尖部分；二级标题开头应当用

"（一）""（二）""（三）"的形式然后加粗；三级标题开头应当用"1.""2.""3."
的形式然后加粗。这样做是为了让投资人在浏览商业计划书的过程中更清楚每
个部分的划分，凸显内容的层次感。

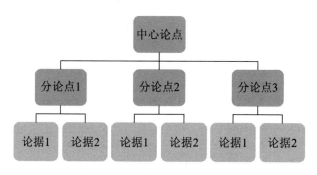

图 3-9　金字塔原理的基本结构

　　商业计划书的排版一定要整洁精练。如果文字排版凌乱，没有层次，遇
到宽容度较强的投资人还好，若是遇到患有强迫症的投资人，那么结局不说也
就知道了。

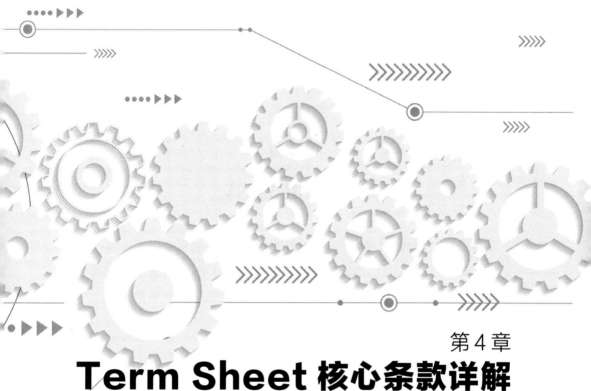

第4章

Term Sheet 核心条款详解

投资条款清单的英文简称为"Term Sheet"，它规定了正式融资协议中的关键性条款，但是不具备法律效力。投资条款清单中包含的学问很多，如果创业者不曾有融资经验，那么需要多多了解投资条款清单。不懂投资条款清单的创业者容易在签订投资协议时被投资人占便宜。

估 值 条 款

在苹果与滴滴出行的投资条款清单中，大概就包括了以下内容：2016 年 5 月，苹果公司以 10 亿美元入股滴滴出行，占股 4%，滴滴出行投后估值为 250 亿美元。下面对估值条款作简单介绍，帮助创业者理解估值条款。

4.1.1 关注估值的计算

估值条款通常会说明投资人的投资金额和占股比例、公司投后估值等。估值多少是创业者极其关注的一项内容。第二章 2.1.4 小节中提到两种估值方法，一种是按照利润，另一种是按照销售额。一般来说，按照利润估值的方法更常用一些。

按照利润计算估值的标准条款格式为："乙方估值采取利润 × 市盈率法计算，协议各方同意对乙方全面稀释的投资后整体估值，按 ×××× 年预测利润的 X 倍市盈率计算，×××× 年预测税后净利润为人民币 Y 亿元，乙方全面稀释的投资后整体估值为 Y 亿 ×X=XY 亿元。"

具体实施时，首先需要选择一个具有可比性的上市公司，将这个上市公司的股价与财务数据作为依据，计算出主要财务比率。计算出的主要财务比率就是推断目标公司价值所用到的市场价格乘数。由于投资人投资的是一个公司的未来，是对公司未来的盈利能力给出当前的价格，所以公司的估值＝预测市盈率 × 公司未来 12 个月利润。

4.1.2　公司估值是投前估值or投后估值

在过去，投资人都是以投前估值为根据进行投资的。知道投前估值和投资人的出资额，就可以计算出公司的投后估值了。公司投后估值的计算公式如图 4-1 所示。

$$投后估值 = 投前估值 + 出资额$$

图 4-1　公司投后金额的计算公式

比如，公司的投前估值为 2 000 万元，投资人出资额为 500 万元，那么公司的投后估值就为 2 500 万元。而投资人的占股比例就为 500 万元 /2 500 万元 =20%。

在 2009 年之前，创投圈使用的就是这种计算方式。当时，企业融资活动一般有一两个投资人，不会出现 10 个甚至 10 个以上投资人。所以在 1 000 万元的基础上融资 500 万元是对投融资常用的说法。

随着一轮融资活动的参与投资人人数增多，投资人获得股份就会越来越少。依然是上面的例子，如果其他投资人跟风投资，有一个投 100 万元，还有两个投 200 万元，那么该公司的投后估值就变成了 3 000 万元。而第一个投资人的占股比例就变成 500 万元 /3 000 万元 ＝ 16.67%。在这种情况下，投资人就会与公司产生纠纷。于是，使用投后估值的说法逐渐流行起来。

在投后估值确定以后，不管跟风投资的跟投人有多少，投资人固定出资额的占股比例都不会变。

清算优先权

优先清算权是指在触发清算条款的情况下，投资人有优先清算的权利。

下面对清算优先权进行详细解释。

4.2.1 不参与型、参与型or附上限参与型

清算优先权主要分为 3 种，内容如图 4-2 所示。

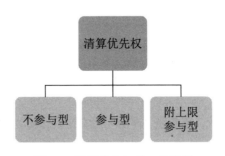

图 4-2　清算优先权的 3 种类型

1. 不参与型

不参与型清算优先权的通用表述为："在公司清算或结束业务时，A 系列优先股股东有权优先于普通股股东获得每股 X 倍于原始购买价格的回报以及宣布但尚未发放的股利。"

在不参与型清算优先权的条件下，当公司退出价值低于优先清算回报时，投资人拿走全部清算资金；当公司退出价值按投资人股份比例分配的数额高于优先清算回报时，投资人将优先股转换成普通股，与普通股股东按比例分配；当公司退出价值介于两者之间时，投资人拿走约定的优先清算回报额。

2. 参与型

参与型清算优先权的通用表述为："A 系列优先股股东首先获得有限清算回报，剩余资产由普通股股东与 A 系列优先股股东按相当于转换后股份比例进行分配。"

在参与型清算优先权的条件下，当公司退出价值低于优先清算回报时，投资人拿走全部清算资金；超过优先清算回报部分，投资人和普通股股东按股

权比例分配。

3. 附上限参与型

附上限参与型清算优先权的通用表述为："A 系列优先股股东首先获得清算优先权回报，剩余资产由普通股股东与 A 系列优先股股东按相当于转换后股份比例进行分配；但 A 系列优先股股东一旦获得的回报达到 X 倍于原始购买价格以及宣布但尚未发放的股利，将停止参与分配。之后，剩余的资产将由普通股股东按比例分配。"

在附上限参与型清算优先权的条件下，当公司退出价值低于优先清算回报时，投资人拿走全部清算资金；当公司退出价值按投资人股份比例分配的数额高于回报上限时，投资人将优先股转换成普通股，跟普通股股东按比例分配；当公司退出价值介于两者之间时，投资人先拿走优先清算回报，然后按转换后股份比例跟普通股股东分配剩余清算资金，直到获得回报上限。

优先清算权对投资人有着较大倾斜，本身的目的就是保护投资人的利益。但是如果你遇到了专业、理性的投资人，他们并不会榨取过高的优先清算权。

4.2.2　优先收回回报的倍数

下面通过数学计算的方式讲解享有优先清算权的投资人在公司发生清算时是如何分得资金的。优先清算权 = 优先权 + 分配权，假设投资人投资 2 000 万元，占股比例 20%，公司可分配净资产 6 000 万元，按投资款 1.5 倍优先分配，则投资人最终分配的资产总额如图 4-3 所示。

> 优先回报：
> 2 000万元×1.5=3 000万元
> 剩余分配：
> （6 000万元-3 000万元）×20%=600万元
> 合计：3 600万元

图 4-3　投资人最终分配的资产总额

也就是说，尽管投资人占股 20%，当公司发生清算时，投资人最终分配的资产占公司可分配资产的比例为 3 600/6 000 = 60%。

在硅谷，85% 以上的创业者与投资人谈判时都可以把优先清算权条款删掉，但在中国很难。尽管很难，但是你依然可以试一试。如果删除不了此条款，那就要谈好其中的关键点。

其中，优先倍数是核心的谈判点。在天使轮中，投资人的优先倍数必须往下压，因为后续融资时的优先倍数会越来越高。如果天使轮就比较高，后面会越来越离谱。跟投资人谈时，你可以先拒绝清算优先权条款，若投资人不同意，再做出让步，但要有底线。建议 A 轮时的倍数为 1.2 ～ 1.5 倍。

$$\textbf{4.3}$$

领售权条款

领售权也叫强制出售权、拖售权等，一般是指公司在一个约定期限内没有实现上市，而投资人有权要求主动退出，并强制性要求公司创始人股东和管理层股东与自己一起向第三方机构转让股份。如果你的投资人要求这项权利，你必须慎重考虑，权衡此次融资是否值得你冒如此大的风险。

4.3.1 拒绝所有股东都能单独发起领售权

大家可能想不通，试图退出的投资人只要把自己的股份卖了就好，为什么要求其他股东一起卖？理由很简单，当公司的上市预期不明朗，投资人试图退出时，就只能将股权转让出去。而很多大公司对收购创业公司的少量股权根本不感兴趣，多数时候会要求整体收购。如果没有领售权，投资人的少数股权就很难卖出去，所以会要求领售权。

投资人设定这项条款的目的是保护自己的利益，但是在一定情况下如果出现道德风险，创业者将无法保障自己以及公司的利益。

硅谷一家创业科技公司就经历了投资人滥用领售权，将创始人与员工扫地出门的事情。由于该投资人在这家硅谷公司拥有非常高的股份比例，而且还拥有领售权，于是他单方面迫使其他投资人和创始人团队出售公司。

当该投资人提出低价出售这家硅谷公司时，公司的银行账户里还有几百万美元的存款。最可气的是，第三方公司的购买价格只是比该银行存款多一点点。与此同时，由于该投资人还具有优先清算权，该公司被出售之后，其创始人和所有员工几乎是什么也没有拿到。而该投资人是第三方公司的最大股东，所以也是这次收购事件的主要受益人。

就这样，这家硅谷创业公司的创始人失去了自己的公司，而员工们也都失去了自己的工作。下面我们就讲讲如何应对领售权条款。

从原则上说，应对领售权的最好方法就是拒绝接受该条款。因为一旦接受了该条款，就会受制于投资人，只不过程度有所不同而已。如果你迫不得已接受了该条款，那么可以采用以下措施制约投资人。

首先，拒绝所有股东都能单独发起领售权。建议半数以上投资人和创始股东同意才能发起领售权，而不是所有股东都能单独发起。很多时候投资人、创始股东内部意见都是不一致的。其次，提高触发拖售权条款的股权比例。触发拖售权条款的股权比例越高越好，例如必须是全部或者 2/3 以上私募股权要求行使拖售权时，该条款才能被触发。

4.3.2　限制领售启动时间

除了限制发起领售权的投资人人数以外，创业者还可以限制领售启动时间。投资人有领售权，但不能在投资 1 年或 2 年内就使用，可以约定交割 5 年后启动领售权等。

延长拖售权的行使时间可以防止投资人违背设立该项条款的初衷而滥用该权利。与此同时，延长时间可以给公司更长时间的自我发展机会，对创业者来说是有利的。

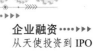
4.3.3 受让方限制

除了以上两种措施，创业者还可以限制受让方，防止投资人行使领售权的道德风险。在上述案例中，如果该硅谷公司创始人与投资人签约时约定行使拖售权时购买公司的第三方主体不能是竞争对手、投资人投资的其他公司、与投资人有任何关联的公司以及个人等，就不会发生上述惨剧。这一方法是杜绝投资人在利益驱动下发生贱卖公司行为的最好方法。

另外，创业者还可以通过公司股东享有的优先购买权来限制受让方。也就是说，当投资人行使拖售权出售公司的股权时，公司创始人或其他原始股东就可以以同样的价格和条件将投资人欲出售的股权买下，从而避免公司被第三方收购。

对于拖售权条款，创业者应当做好事先预防工作，因为事后救济工作总是不如事先预防来得更简单有效。

4.4
董事会席位

在投资条款清单中，董事会席位条款的表述为"投资人有权任命××名董事（投资人提名董事）在公司董事会。包括投资人提名董事在内，董事会由××名董事组成"。下面是制定董事会席位需要注意的问题。

4.4.1　董事会席位最好是奇数

投资人看投资条款清单时最关注的问题有两个：一是价值；二是控制。投资条款清单中的条款也就相应具有两个维度的功能，清算优先权、领售权条款等都是具有价值功能的条款，而董事会席位则是实现控制功能的条款。

一般情况下，为了保障投资后自己的利益，监管公司的运营，投资人会在投资之前要求进入董事会，占有一定数量的董事会席位，获得公司重要经营决策的投票权。美国硅谷有这样一句话非常流行："好的董事会不一定会造就好公司，但是不好的董事会一定会毁掉公司。"

对公司创始人来说，在计划融资的时候就可以考虑组建董事会的事情了，因为董事会控制权影响了整个公司的命运。

根据我国《公司法》规定，有限责任公司的董事会成员为 3 ～ 13 人，股份制公司的董事会成员为 5 ～ 19 人，需要 5 名以上董事。通常情况下，董事会席位设置成单数，避免决策时陷入投票僵局，不过法律没有规定不允许为双数。董事会席位为双数的情况下很容易陷入投票僵局，图 4-4 就说明了这一问题。

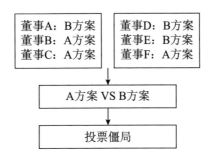

图 4-4 双数董事会席位出现的投票僵局

我们知道董事会席位要设置成奇数以避免投票僵局，那么，董事会席位的具体数目如何确定呢？下面将对其进行具体讲解。

4.4.2 创始股东可以提名半数以上董事会成员

由于后续融资会陆续带来新的投资人，董事会成员数会逐渐增加，建议公司首轮融资后的董事会成员为 3 ～ 5 人。在完成首轮融资后，创始人应当还拥有最多份额的股权，所以应当占有绝大部分的董事会席位。

如果首轮融资完成以后，创始人持有公司大约 60% 的股份，而投资人只有一个，那么，董事会的构成就应该是：2 个普通股股东 +1 个投资人 =3 个董

事会成员；如果有 2 个投资人，那么董事会的构成为：3 个普通股股东 +2 个投资人 =5 个董事会成员。

投资人可能会要求公司 CEO 必须占据一个董事会的普通股席位，这似乎是非常合理的。但这时你要小心了，因为当前担任 CEO 的可能是你自己或者创始人股东之一，公司一旦更换 CEO，他就不一定还会是你的人。最坏的假设是这个新 CEO 与投资人站在同一方，那么这种"CEO ＋投资人"的组合将会拿到董事会的控制权。

一般情况下，投资条款清单中的董事会席位条款的主流是"创始人＋创始人 CEO ＋投资人"的模式，但少数其他结构也是合理的。比如 1 个创始人席位＋ 1 个投资人席位＋ 1 个由创始人提名董事会一致同意并批准的独立董事（适用于只有一个创始人的公司）或者一个创始人（A）席位＋ 1 个 CEO 席位（创始人 B）＋ 1 个投资人席位＋ 1 个由创始人或 CEO 提名董事会一致同意并批准的独立董事（适用于有两个或多个创始人的公司）。

到底如何确定给投资人的董事会席位数量？问题核心在于保证你的团队始终占据多数董事会席位，拥有董事会控制权，保证对企业运营的控制。另外，不是投资人要求进入董事会，你就应当答应他。进入董事会对投资人的持股是有要求的，下面我们接着看具体要求。

一票否决权

一票否决权是指投资人指派一名投资人董事对公司经营的重大事项拥有一票否决权，保证资金的合理使用以及企业的规范经营。也就是说，只要投资方不同意，公司不能进行任何变动。那么，在融资过程中，投资人要求享有一票否决权是不是合理的呢？下面一起来看看一票否决权。

4.5.1　限制一票否决权的范围

一票否决权属于投资条款清单中的保护性条款，目的是保护投资人的利益不受到创始人股东的侵害。拥有一票否决权后，投资人可以直接否决那些损害自己利益的公司行为。那么，创业者应当如何对待这一条款呢？

首先，要限制一票否决权的范围。通常情况下，一票否决权的范围包括股东会决策和董事会决策两类，如表 4-1 所示。

表 4-1　一票否决权的范围

项　　目	具 体 内 容
关于公司最重大事项的股东会决策	融资导致的股权结构变化；公司合并、分立或解散；涉及股东利益分配的董事会以及分红。股东会决策通常会涉及公司章程变更等
关于公司日常重大事项的董事会决策	终止或变更公司主要业务；高层管理人员的任命与免职；对外投资等预算外交易；非常规借贷或发债；子公司股权或权益处置等

从整体来看，股东会决策的范围仅限于涉及股东权益的最重大事项，而董事会决策范围则涵盖了公司日常运营中的各种问题。

对一票否决权的范围了解透彻后，你会发现这一条款有很大的谈判空间。比如，接受投资人的一票否决权，但是限定投资人在特定事项上使用一票否决权的条件。例如，当公司以不低于特定估值被收购时，投资人不可以使用一票否决权，避免投资人对回报期望太高，阻止收购的情况发生。更进一步的话，你甚至可以将一票否决权的范围限制在对投资人利益有重大损害的事项上。至于最终的一票否决权条款是什么样子，就看你如何与投资人谈判了。

4.5.2　整体的行使主体需要过半数投资人同意

限定一票否决权的范围是对投资人要求一票否决权的第一个约束措施，除此之外，还可以要求一票否决权的行使主体需要过半数投资人同意。这一约束措施可以防止单个投资人为了谋取个人利益而不顾及大多数投资人利益使用一票否决权的情况发生。半数以上的投资人联合起来使用一票否决权，符合少数服从多数的公平理念。

如果是种子和天使阶段较小额度的融资，投资人一般不会要求一票否决权，因为投资金额和股权比例比较小，投资人坚持用一票否决权来保护自己是不合常理的。如果是 A 轮以及后续轮次的融资，大多数投资人都会坚持要求一票否决权。由于投资金额和股权比例比较大，这一要求也是合理的。

创业者无须过于害怕投资人的一票否决权。聪明的投资人都知道公司的成功依靠的是创业团队，即便他们拥有一票否决权，也不会否决那些对公司发展有利的重大决策。

$$\textbf{4.6}$$

对 赌 条 款

如果投资人发给你的投资条款清单里包含对赌条款，那么你就要小心了。同意对赌条款意味着未来你与投资人签订的投资协议包含对赌协议。对赌协议被业内人士称为"魔鬼协议"是不无原因的。对赌协议的核心在于，如果创业者不能完成一定业绩，就需要按照约定的计算方法向投资方支付货币补偿，或向投资方转让股权，或向投资方回购目标公司股权。也就是说，一旦公司经营不善，创业者就面临着破产或者失去公司控制权的风险。如果一定要签对赌协议的话，建议创业者谨慎估算自己未来的财务预期。

4.6.1　旱涝保收：投资人钟爱对赌协议的原因

对赌协议在当下投融界已经见多不怪。在大众创业的热潮下，越来越多的初创企业为了成功拿到投资接受对赌协议。

截至 2016 年 8 月 28 日，新三板挂牌企业 8 887 家，而参与对赌的新三板企业也持续增多。2014 年，新三板对赌案例有 37 起；2015 年，新三板对赌案例达到 165 家；而截至新三板大范围禁止对赌的新规发布前，截至 2016 年 8

月 4 日，有 61 家新三板挂牌企业在 2016 年签订了对赌协议。

投资人为什么钟爱对赌协议呢？用一句话来说就是，对赌可以保护投资人的利益。如果创业者对赌成功，投资人可以赚钱退出；如果创业者对赌失败，投资人可以得到补偿，甚至占有创业者的公司。对赌基本上能保证投资人旱涝保收，只赚不赔，这就可以粗浅解释为什么投资人如此钟爱对赌协议。

创业者融资的时候，一定会为了达成融资交易而尽可能将公司最好的一面展现给投资人。尽管投资人对创业者的公司做了尽职调查，但依然担心自己对创业公司的了解不够透彻，做错了投资决定。这时候，投资人就试图通过对赌协议保证自己的利益。

投资人选择对赌的原因有下面四个：一是害怕自己看错了公司；二是害怕创业者制造虚假信息欺骗自己；三是为了刺激创业者加紧赚钱；四是为自己退出保留一条后路。

VC、PE 机构是最偏爱对赌的投资人，一半以上的 VC、PE 投资项目几乎都存在对赌。有的风险投资人甚至不需要做尽职调查，只是指望着通过对赌控制投资风险。天使投资人的投资金额小，风险相对较低，所以几乎不使用对赌。

对于对赌协议，大多数创业者是拒绝的。然而一些创业者急于求成，希望尽快拿到融资，也就不再顾及后果，接受了对赌。

对于创业者和目标公司来说，如果达成对赌目标，那么在这场与投资人的博弈中就算是真的赢了。无论对赌目标是财务绩效还是股票发行上市等，完成目标就说明公司运营状况好，公司的未来可期。对赌成功对创业者和投资人都是有利的，是一种双赢。

如果没有达成对赌目标，就意味着创业者要与投资人翻脸。上面说过，对赌失败和终止的可能性在 60% 以上。在创业者对赌未成功的案例中，大约有 90% 都是协商解决的，只有很少一部分闹到了法庭上。很多创始人因为对赌输掉了自己一手建立的公司，比如陈晓与摩根士丹利及鼎辉对赌，输掉永乐电器；太子奶李途纯对赌英联、摩根士丹利、高盛，输掉太子奶等。

对投资人来说，对赌输了事实上是赢了，对赌赢了多半是输了。如果创业者没有达成对赌目标，作为公司原股东需要补偿投资人。从表面上看，投资人赢了，但事实并非如此。为什么这么说？原因有三个，内容如图 4-5 所示。

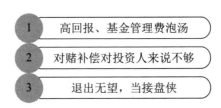

图 4-5　投资人对赌赢了并非真正赢了的原因

　　以太子奶对赌为例，投资人虽然赌赢了，但其实输得很彻底。如表 4-2 所示，为太子奶集团发展历程。

表 4-2　太子奶集团发展历程

发展阶段	年份	事　件
起步阶段	1996	李途纯用印挂历挣来的 50 万元作为启动资金，在株洲建立了太子牛奶厂
	1997	李途纯为了把太子奶做到全国市场去，利用高息贷款在央视黄金广告时段投下 8 888 万元，夺得日用消费品标王，并拿到 8 亿元的订单
快速扩张阶段	2002—2006	在经营方面，李途纯大胆斥巨资在湖南株洲、北京密云、湖北黄冈、江苏昆山、四川成都同时启动五大乳酸菌生产研发基地，从而形成东、西、南、北、中的全国性战略布局；在营销方面，太子奶采取"三高模式"，即高进价、给经销商高额返利、高营销费用；下游经销商需交付预付款，待产品生产出来再发货，上游供货商需先送原材料，待产品卖出后再付款，整个采购营销成为变相的融资过程；在融资方面，李途纯一方面通过对经销商收取预付款来获得资金融通，另一方面四处向银行贷款
引资对赌	2007	李途纯获得英联、摩根士丹利和高盛 7 300 万美元投资；引资协议中加入了对赌协议："在三家机构注资后的前 3 年，如果太子奶业绩增长超过 50%，就可降低注资方股权；如完不成 30% 的业绩增长，太子奶集团董事长李途纯将会失去控制权"
最终结局：没有赢家	2008	乳业爆发"三聚氰胺"事件，太子奶集团陷入财务危机。11 月 21 日，李途纯在筹集资金未果的情况下，被迫与英联、摩根、高盛等三大投资者签署《股权转让协议》，失去公司控股权
	2009	株洲市国有资产投资公司与株洲高科集团组建株洲高科奶业经营有限公司，租赁太子奶集团核心资产，实施"封闭式"生产经营
	2010	6 月，李途纯涉嫌非法吸收公众存款被采取刑事措施；7 月，株洲市对外界通报，株洲中院依法裁定太子奶集团进入破产重组程序
	2011	计划草案通过，太子奶由新华联—三元股份联合体接盘；投资者受牵连，政府亏损，三方皆输

对赌失败后，李途纯被迫与英联、摩根、高盛等三大投资者签订了《股权转让协议》，将 61.6% 的股权转让出去。三大投资者承诺在一周之内注资 3 000 万美元，但是它们后来放弃了对太子奶的投资，最后由政府接手。在此次融资对赌中，太子奶输得很惨，三大投资者也丝毫没有获利，对赌只是让他们的亏损少了一点而已。

对创业者来说，如果引入投资人的同时有对赌协议，一定要对公司自身的发展情况进行全面彻底的审视，并且对未来行业发展进行谨慎判断。试想一下，一旦对赌失败，创业者就有可能丧失一大部分股权，甚至失去公司控制权。所以，签订对赌协议时一定要对公司的实际发展情况和未来预期做出合理判断。

4.6.2　对赌协议的风险在哪里

在资本寒冬的压力下，很多创业者认为能拿到钱是第一位的，其他的都是次要的。然而，融资必须有底线，千万不能因为融资难就一味地降低要求，随便签下对赌协议。

有些创业者因为公司财务紧张急需寻找投资人，投资人往往就会抓住创业者这一把柄要求签订对赌协议。事情没有这么简单，投资人设定的对赌协议可能非常严苛，你根本没有实现对赌目标的可能。

比如以下对赌协议的内容几乎没有实现的可能："第一年营业收入不低于 1 000 万元且净利润不亏损，第二年的税后净利润不低于 5 000 万元，第三年的税后净利润不低于 1 亿元，若未达成相应条款，投资方有权要求创始团队方面赎回股权。"

在公司财务告急的压力下，创业者往往愿意接受对赌，从而拿到上千万元的投资。对于成立不满两年的初创公司来说，这样的对赌协议显然是无法达到的，而签订协议的公司创始人还没有明白其中的危害。下面我们一起看对赌协议的四大风险，内容如图 4-6 所示。

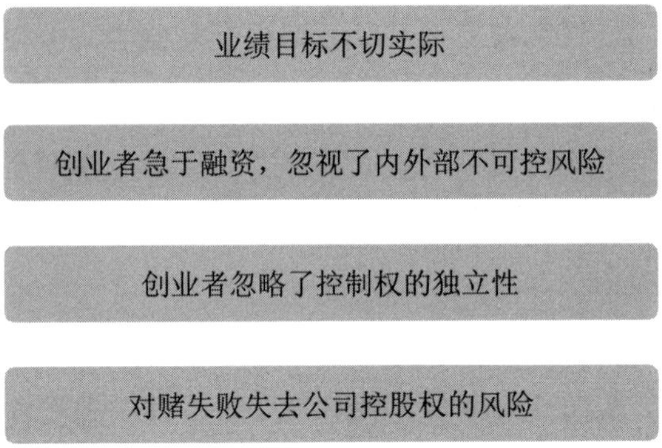

业绩目标不切实际

创业者急于融资，忽视了内外部不可控风险

创业者忽略了控制权的独立性

对赌失败失去公司控股权的风险

图 4-6　对赌协议的四大风险

第一，业绩目标不切实际。创业者经常混淆"战略层面"和"执行层面"的问题。如果对赌协议中约定的业绩目标不切实际，当投资人注入资本后，常常会将创业公司引向不成熟的商业模式和错误的发展战略。最终，公司将会陷入经营困境，创业者必定对赌失败。

第二，创业者急于融资，忽视了内外部不可控风险。如果创业者急于获得高估值融资，而且对于公司的未来发展过于自信，常常会忽略了公司内部和外部经济环境的不可控风险，认为自己与投资人的要求差距小甚至无差距，做出错误的对赌约定。

第三，创业者忽略了控制权的独立性。忽略控制权的独立性是大多数创业者都会犯下的错误。创业者与投资人本应当互相尊重，但是不排除投资人因为某些原因向目标公司安排高管，插手公司的日常经营和管理。在这种情况下，公司的业绩是好是坏都会受到投资人左右。因此，签订对赌协议后，怎样保持公司控制权的独立性还需要创业者做好戒备。

第四，对赌失败失去公司控股权的风险。条件温和的对赌协议还好说，如果遇到对企业业绩要求极为严苛的对赌协议，创业者就有可能因为业绩发展低于预期额失去公司的控制权。4.6.2 小节中提到的太子奶事件就是因为业绩未达标而失去控股权的经典案例。

认识到对赌协议的风险以后，我们就知道为什么说对赌条款是要坚决避免的"魔鬼条款"了。

4.6.3　坚决避免的"魔鬼条款"

关于对赌协议,真格基金联合创始人王强给了创业者一个忠告:"我呼吁,一个创业者,尤其是起步时期的创业者,千万不要签署对赌协议。除非,你不热爱你所创立的事业。对赌就是泡沫,就意味着你眼下已有的资源无法达到的目标,而你将被迫必须达到。这是如此的惨烈。对赌意味着你要做不得不做的事情,一旦失去了经营企业最本质的初心,心态毁于一旦,你就无法回头。在对赌的协议中,创业者面对投资人就像是面对赌场中的庄家,赢的概率早就被算好了。"

对创业者来说,对赌协议就是"魔鬼条款"。无论公司经营多么困难,对赌条款是要坚决避免签订的。

创业者要想避免对赌协议需要考虑 3 个方面,内容如图 4-7 所示。

图 4-7　创业者避免对赌协议需要考虑的 3 个方面

一是投资人的背景。创业者在寻找投资人时,通常会忽略投资人的背景。创业者认为只要投资人能够给项目投资就行,其他的不重要。可是往往很多的创业者因为没有事前调查清楚投资人的背景,以至于项目在进展过程中发生一系列问题,比如投资人的资金不到位,投资人过多干预项目管理等一系列问题。无论如何,创业者都应该对投资人的背景进行调查。

二是投资人的价值。创业者应当了解投资人能给自己带来的价值有多少。对于创业者来说,投资人给项目带来价值是最重要的。创业者在与投资人签署协议之前,要明确项目需要什么样的价值以及投资人是否能够为项目带来相应的价值。对刚起步的创业者而言,他们不仅需要志同道合的人才,还需要一些行业专家对市场的分析建议。在市场方面,投资人一般会有很多的资源。好的

投资人在创业者遇到困难时会帮助其走出困境，想尽一切办法帮助创业者。

三是投资人的预期。在接受投资人的投资之前，创业者首先要知道投资人的预期回报。很多创业者遇到投资人时，唯一的想法就是赶紧搞定投资，尽快拿到资金。毕竟，投资人手上拥有创业者最紧缺的资金。然而，一些拥有超高预期的投资人也会加入项目中。等到发生利益冲突的时候，投资人会为了自己的利益而做些对项目不利的事情，这时创业者就后悔莫及了。

创业者应当明白，拿利润当唯一标准去衡量一切的投资人很容易犯下急功近利的错误。他们只会把项目当作获取利益的工具，这样的投资人很容易将一个项目搞砸，甚至会为了利益而损害他人。

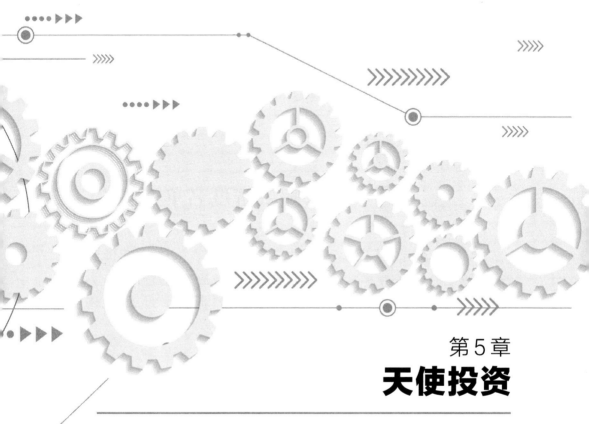

第 5 章

天使投资

对创业者来说，天使投资人就是"天使"一般的存在，因为他们总是在创业者仅仅只有一个想法的时候就全力支持创业者。本章讲述如何俘获"天使"的心，以及需要提防的六类"天使"。

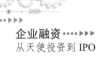

5.1

列一个人际亲密度名单

在寻找天使投资人之前，创业者首先要将自己人际关系圈中可能对自己项目感兴趣的人员名单都列出来。这一名单不仅包括潜在投资人的名字，还应当包括那些在你创建公司和融资时试图向你提供帮助的人，以及那些对你的项目本身感兴趣的人。这样做有助于你在融资之初就打开融资范围。

5.1.1　和你个人背景相同的人

考虑到人际亲密度由远到近，名单中需要列出的第一类人应当是那些跟你背景相同的人。下面列举背景相同的 4 种情形，内容如图 5-1 所示。

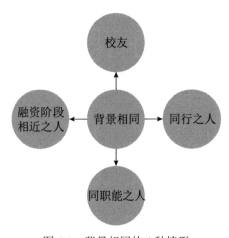

图 5-1　背景相同的 4 种情形

1. 校友

很多学校都建立了自己的创业者组织，有的学校还成立了专门投资校友的天使基金。创业者应当积极参加社交团体，在毕业之后也要与自己的校友常联系。校友之间具有相同的文化背景，更容易认同彼此的创业想法。

2. 同行之人

对创业者来说，自己的创业项目越是细分，越是垂直化，就越容易发现那些对项目感兴趣的人。创业者可以考虑将潜在客户、分析师、咨询顾问、行业领袖等放进名单，并努力去接触他们。

3. 同职能之人

职能相同的人对彼此的了解程度会更高。销售员喜欢跟其他销售员待在一起，信息工程师喜欢跟其他志同道合的工程师待在一起。对创业者来说，如果自己本身具有某种具体职能或者公司能够与某一特定职能的人产生共鸣，那么就可以找这一职能内优秀的人加入名单当中。

4. 融资阶段相近之人

创业者对创业者的帮助也是不可忽视的。如果你身边一位创业者刚刚经历了天使融资，那么他或许能给你提供丰富的信息、建议，或者引荐投资人给你认识。

另外，如果你认识的专业投资人不适合在这个阶段给你投资，比如一家风险投资机构的GP，那也要将他写进名单里，因为他们很有可能会认识其他投资人，愿意在早期阶段当你的天使投资人。

5.1.2　公开的天使投资人名单

除了以上几类人需要写进人际亲密度名单里，还有一些名声公开在外的天使投资人名单，创业者也需要重点关注。拿到这些公开的天使投资人名单后，

创业者要做的不是简单地复制粘贴整个名单，而是仔细研究这些天使投资人的背景和投资历史。如果发现合拍的天使投资人，需要将其重点圈出来。下面一起看看 2016 年中国天使投资人 TOP30 榜单，如表 5-1 所示。

表 5-1 2016 年中国天使投资人 TOP30 榜单（排名不分先后）

序号	机构	投资人
1	真格基金	徐小平
2	麦腾创投	俞江虹
3	娱乐工厂	张巍
4	丰厚资本	岳弢
5	金沙江创投	朱啸虎
6	戈壁创投	徐晨
7	梅花天使创投	吴世春
8	创新谷	朱波
9	久合创投	王啸
10	创新工场	汪华
11	AA 投资	王浩泽
12	隆领投资	蔡文胜
13	长石资本	汪恭彬
14	钟鼎创投	汤涛
15	接力基金	祁玉伟
16	青山资本	张野
17	凯风创投	赵贵宾
18	紫辉创投	郑刚
19	德迅投资	曾李青
20	天使湾创投	庞小伟
21	联想之星	刘伟
22	英诺天使基金	李竹
23	险峰长青	李黎
24	西科天使基金	李浩
25	真顺基金	孔毅
26	极客帮创投	蒋涛
27	名势资本	黄明明
28	海泉基金	胡海泉
29	原子创投	冯一名
30	青松基金	董占斌

直到这里，人际亲密度名单宣布大功告成，但是事情还没有完。名单完成后，创业者需要有策略地接触这些人，找到最终拿钱的天使投资人。

5.2
有策略地接触"天使"

如果顺利的话，你的名单上会有很多天使投资人的名字，一般为 50～100 个。这些人不仅包括潜在的天使投资人，还包括可能为你引荐天使投资人的人群。下一步，你需要做的事情是将接触他们的顺序按照优先级排序。

5.2.1 制定阶段性目标，减少无用功

接触投资人的优先级顺序与你当前的融资目标有直接关系。根据目标来调整接触投资人的优先级顺序，可以缩短在接触投资人方面耗费的时间。

如果你的目标重点在资金上，希望多融一些钱，那么就要扩大接触投资人的范围，因为接触的天使投资人越多，最终获得更多天使投资人的更多资金的可能性就越大。

如果你的目的是获得天使投资人背后的资源和背书，那么少数几个具有高度战略意义的天使投资人就够了。在这种情况下，你需要针对这几个少数的天使投资人定制不同的接触方案，以适用于每一个个体。

联系、接触投资人计划应当根据投资人的不同情况进行不同的调整。在这一过程中，影响接触计划的因素包括三个，内容如图 5-2 所示。

1	投资人在创投圈的地位
2	投资人可以为项目提供的资源
3	投资人的投资历史

图 5-2 影响接触计划的三个因素

明确了这些，接触投资人的顺序和方案就出来了。

5.2.2　找一个可靠第三方推荐

接触投资人的顺序和方案出来之后，你就可以按照顺序和计划去接触目标了。在接触过程中，有一些技巧可以增加目标投资人对你的好感，下面看如何找可靠第三方推荐接触投资人。

聚美优品是徐小平最成功的投资项目之一，为其带来了数千倍回报。聚美优品创始人陈欧就是通过第三方推荐认识徐小平的。

2006 年年底，陈欧为新加坡创业项目游戏对战平台 Garena 寻找投资人的时候，他的斯坦福校友、兰亭集势创始人郭去疾就把陈欧引荐给徐小平。徐小平立即决定投资 50 万美元，占股 10%，但条件是陈欧放弃斯坦福的学业，留在公司全力创业。迫于父母的压力，陈欧选择了继续读书，没有拿徐小平的投资。

两年后，陈欧从斯坦福大学深造回来，又一次遇到徐小平。陈欧简单介绍自己的游戏广告项目后，徐小平没有任何疑问，就向陈欧的项目投资了 18 万美元，甚至将自己在海淀黄庄的房子低价租给陈欧作为办公场地。

拿到徐小平的钱后，陈欧说：“天使投资人投笔钱会显得更加光鲜，用自己的钱创业，别人会觉得你可能是找不到工作，也没啥家底，拿天使投资人的钱是一个放大器，后面找 A 轮会容易一点。”可见，陈欧找徐小平投钱考虑更多的是对方的名气。

随着创业项目开展的深入，陈欧发现线上化妆品行业是个不错的发展方向，还不存在权威性的企业。陈欧说：“化妆品产品市场开发的三个可行条件有：第一，电子商务在中国的快速发展；第二，生活质量的提高使得人们开始注重护肤，但是随着化妆品需求量的增大，市场上并没有出现一个信誉度高的化妆品网；第三，从事一份为女性服务的行业减少了行业竞争，对自己有利。”

由于公司的流动资金只有几十万元，所以陈欧一边继续做着游戏广告业务，一边上线了团美网（聚美优品前身）。团美网正品平价的形象通过口碑相传，在短期内发展迅速，而后更名为聚美优品。随后，在徐小平的支持下，陈欧将之前的游戏广告业务全部停掉，专注于聚美优品的发展，并且徐小平再次投资了 200 万美元。

陈欧借助朋友的推荐找到他的天使投资人是极其幸运的。如果没有徐小平，谁也不知道会不会有聚美优品。

如果你正在寻找天使投资人，你应当尽可能将这一信息传播到人际交往的圈子里。不管是你的家人、朋友还是同事，他们都有可能认识天使投资人。只要他们信任你，就会愿意把你引荐给他们认识的天使投资人。

对投资人来说，如果你的引荐人恰好是他的熟人，他们会更愿意投资，这就是信任背书的力量。

5.2.3 报名参加创业孵化器路演

创业孵化器是指为初创企业提供免费或廉价的办公场地、设备甚至是咨询意见和资金的企业。大多数创业孵化器是由非营利性组织和风险投资人创建的，为中国的创投事业做出了很大贡献。

创业孵化器路演活动是指创业孵化器主办的，邀请多名大众创业导师、天使投资人作为嘉宾，由项目创始人报名参与的路演活动。路演时，创业孵化器一方作为主持人，创业者负责对自身项目的市场前景、商业模式、团队情况等进行讲解，创业导师、投资人会与之交流，探讨项目。

与商业计划书追求全面详尽不同，参加创业孵化器路演追求简短精练。下面是参加创业孵化器路演活动的 5 个经验，内容如图 5-3 所示。

使用PPT注意时间

讲述自己的创业故事

突出项目的不同

自信，但不夸大其词

提前预测投资人的提问并想好回答

图 5-3 参加创业孵化器路演活动的 5 个经验

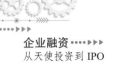

1. 使用 PPT 注意时间

一般情况下，路演都会用到 PPT。使用 PPT 展示项目需要注意以下三点：第一，如果你认为展示 PPT 需要花三分钟，那么压缩在一分钟之内就足够了；第二，如果主持人说只有几分钟的路演时间，那么你必须将时间压缩到五分钟之内；第三，在每一张幻灯片上的时间最好不要超过一分钟。

2. 讲述自己的创业故事

没有人不喜欢听故事，这种方式能够给投资人留下深刻记忆。与 PPT、幻灯片、数字之类的信息相比，故事对投资人的吸引力更大。你可以把自己的创业故事讲给投资人听，如果能够引起投资人的关注，拿到他们的钱就不会太难。

3. 突出项目的不同

在大众创业的潮流下，一些人人都可以做的项目已经无法吸引投资人。试想一下，你的项目有什么特点是当前其他创业项目没有的，钻研清楚这个问题才能保证路演的成功。

4. 自信，但不夸大其词

投资人对于技术和产品的了解没有创业者多，所以他们评判创意好坏的一部分依据就是创业者的自信。创业者无须因为自己经验不足、只懂技术不懂运营而自卑，BAT 也都是一步步发展起来的。

另外，自信并不是让你将"最好""最棒""最吸引人"挂在嘴边，这样会给投资人留下爱吹牛的印象。自信是言谈举止自然的流露，是含蓄的。创业者在初始创业阶段的产品都是不完善的，好创意也有不足之处，所以不可以夸大其词。

5. 提前预测投资人的提问并想好回答

如果投资人对项目感兴趣，但是问了一些棘手的问题，这时投资人就容易无言以对。这样的话，投资人可能会给你扣分。因此，对投资人的提问做到心中有数，回答问题时不卑不亢，投资人会对你有很好的印象。对于应对提问，我们在 2.1.1 小节里有详细解说。

做到以上五点，你会在投资人心中留下一个不错的印象。在后续接触过程中，投资人表示出投资意向的可能性会加大。

5.2.4 通过邮件直接联系陌生"天使"

上面我们讲到的参加创业孵化器路演活动属于线下接触天使投资人，现如今线上联系投资人的方式被使用得越来越频繁，比如通过邮件直接联系陌生"天使"。

一般情况下，天使投资人的邮箱都是对外公开的，创业者可以通过各种方式获取投资人的邮箱地址，然后将商业计划书发给投资人。

商业计划书的撰写我们在第 3 章已经重点讲过，创业者应当根据发给投资人的不同对商业计划书做不同的调整，让投资人明白这是专门发送给他的，而不是统一的模板。

这种联系方式的有效性远远低于找可靠第三方推荐的有效性。然而，通过自己的努力和坚持，用邮件联系陌生投资人最终拿到大笔天使投资的创业者大有人在。

5.2.5 创投微信群，发需求信息找"天使"

微信的使用频率越来越高，现在创业找融资也能使用微信了。众所周知的《大圣归来》就是依靠着微信拿到 780 万元，才得以顺利发行的。

2014 年 12 月 17 日，《大圣归来》进入最后的宣传发行阶段。那时，这部电影已经筹备了接近 8 年的时间，团队的压力非常大。作为电影的出品人，路伟坦言，"如果按照电影的老套路，《大圣归来》票房顶多过 1 个亿。业内很多资深人士更悲观，预估最高到 8 000 万元，这还算给了面子。"

在这样的情况下，路伟想到一个办法：在微信朋友圈发消息为《大圣归来》众筹融资。路伟用寥寥数语说明《大圣归来》是一部动画片，预计 2015 年春

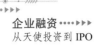

节档上映。作为出品人，路伟做出保底分红的果断决策，"我没想过这部电影能为我们挣多少钱，但我有信心影片不会亏本，到底挣多少钱就看运气了。"

令人意想不到的是，从上午 11 时 50 分开始，一直到下午 3 点多，已经有超过 70 位朋友加入了名为"大圣"电影众筹的微信群，4 个小时募集到 500 多万元的资金。一个星期之后，《大圣归来》的众筹项目共筹集了 780 万元，有 89 名投资人参与。他们以个人名义直接入股了《大圣归来》的领衔出品方"天空之城"，直接参与到这部投资合计约 6 000 万元的电影项目中。

路伟通过微信为《大圣归来》项目融资，其成功的原因有一部分来自众人对项目发起人路伟的信任。

如果你在业内有一定的名气或者影响力，通过创投微信群寻找天使投资应当是一件比较容易的事情。

5.2.6　以色列公司SOOMLA如何找到7位"天使"

以色列创业公司 SOOMLA 是一家致力于为移动游戏提供应用内支付方案的公司，雅尼夫·尼赞（Yaniv Nizan）是公司的联合创始人兼 CEO。雅尼夫·尼赞的融资经历是非常艰辛的，但是，他最终找到了 7 位天使投资人为 SOOMLA 投资。下面分享雅尼夫·尼赞寻找天使投资人的经验，内容如图 5-4 所示。

1	在特殊场合找天使投资人
2	天使投资人更希望对项目发挥重要作用
3	在资金到账之前，要不断寻找新投资人

图 5-4　雅尼夫·尼赞寻找天使投资人的经验

第一，在特殊场合找天使投资人。与风险投资人的高调不同，大多数天使投资人都很低调，因为他们不仅要充当天使投资人的角色，还常常有一份全职工作，比如公司创始人、CEO、大公司高管等。

雅尼夫·尼赞是在特殊场合找到潜在天使投资人的，比如，在面试的时候、在游泳的时候，还有在送女儿去上学的时候。有一次，朋友为雅尼夫·尼赞引荐了一位天使投资人，雅尼夫·尼赞才发现与这位天使投资人曾经打过照面，只是不知道他是天使投资人。

第二，天使投资人更希望对项目发挥重要作用。雅尼夫·尼赞本以为找到天使投资人就意味着融资没问题了，结果不是。当雅尼夫·尼赞提出让一位天使投资人给公司投资的时候，投资人毫不留情地拒绝了。后来雅尼夫·尼赞知道，他不是没钱，也不是担心回报少，而是不希望被看作是财产代理人。当雅尼夫·尼赞邀请那位投资人给公司做顾问的时候，他给了雅尼夫·尼赞一些不错的点子后，表示愿意投资。

由此可见，天使投资人更渴望被尊重。对于创业者来说，要让天使投资人与自己共进退，让他们在项目走向成功的道路上发挥重要的作用。

第三，在资金到账之前，要不断寻找新投资人。当雅尼夫·尼赞找到 5 位天使投资人后，每个人都提出了不同的要求，所以谈判迟迟没有结果。在这种情况下，雅尼夫·尼赞一直没有忽视这 5 位投资人投资告吹的风险，选择继续与新的天使投资人接触，以防发生意外。

第四，雅尼夫·尼赞的策略成功了。一位新的天使投资人对他们非常感兴趣，提出领投这轮融资。确定领投方以后，谈判就很容易搞定了。虽然第一位投资人最终没有参与对 SOOMLA 的投资，但 SOOMLA 认为如果没有第一位投资人，也许就无法找到领投方。

在创投圈里，天使投资人的重要性会与日俱增。因此，创业者应当重视天使轮融资，学习其他创业者的成功融资经验。

5.3

创业者必须提防的四类天使投资人

有些天使投资人表面上是天使投资人，但实际上并不是创业者所寻找的"天使"。这些投资人不仅对创业者没有帮助，还有可能会将创业者带入深渊。

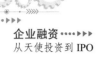

下面看看创业者需要提防的四类天使投资人。

5.3.1　挑剔型天使投资人

创业者需要提防的第一类天使投资人是挑剔型天使投资人。挑剔型天使投资人的表现是投资一个公司以后，为了体现自我价值，不断干预创业团队的管理，对管理层的决策百般挑剔。

他们大概都是这样想的：我是成功的商业人士，我的经验比你丰富，所以我说话你必须听，而且要听得进去。

如果遇上这样的天使投资人，刚开始你或许可以接受，按照他们所说的办事。但是时间久了问题就出现了，他们对你所做的每一个决策都百般挑剔，希望所有的事情都按照他们的想法来。这样，一旦你没有听他们的话，他们就会觉得你不靠谱，你也会对他们抱有意见。

紧接着，天使投资人可能会派人参与到创业团队，而你的激情和动力也会渐渐消退。到最后，双方开始相互推诿、扯皮，结果不欢而散。

对于挑剔型天使投资人来说，他们的表现欲太强，希望创业者开展项目的时候以他们为中心。而事实上创业者才应当是项目的管理者和负责人，是为项目卖命的人。

如果遇到挑剔型天使投资人，最好不要接受他们的投资。如果接受了他们的投资，应当向投资人表明自己的立场，由自己主导项目，投资人可以提意见，但是不能过度干预。

5.3.2　控制型天使投资人

创业者需要提防的第二类天使投资人是控制型天使投资人。这类天使投资人刚与你接触的时候，表现非常热情，将你当作好朋友般对待。然而，一旦你拿了他的投资，他就等待机会夺取你的公司。

控制型天使投资人与你进行融资谈判的时候，可能会要求签订对赌条款。著名的天使投资人、A8 音乐集团创始人兼 CEO 刘晓松说过："一些天使投资人喜欢跟创始团队签订对赌协议，我个人不太喜欢这样，意义也不是太大。原因很简单，创业公司如果死了，你就是拿到百分之百的股权也没意义。你对赌赢的时候就已经输了，对赌输的时候就输得更惨了。"然而控制型天使投资人可不管这些。

控制型天使投资人会等待创业者犯错，或者当创业者没有实现对赌条款中的要求时，他就会拿出协议要求创业者赋予他更多的控制权。最后，创业者有可能被逼无路，离开自己一手创办的公司。关于对赌条款的危害以及对策，我们在 4.6 节中有详细讲述，这里不再赘述。

另外，控制型天使投资人还可能会通过干预创业者的管理达到控制公司的目的。控制型天使投资人与挑剔型天使投资人对管理的干预目的是不同的。挑剔型天使投资人干预管理只是为了凸显自我价值，获得被重视感。而控制型天使投资人干预管理的目的是获得创业公司的主导权。

控制型天使投资人是创业者最应该避开的天使投资人。为了保证对公司的控制权，创业者需要注意，天使投资占股不能超过 30%，尽量避开控制型天使投资。

5.3.3 假扮型天使投资人

假扮型天使投资人到处都有，通常会扮成律师和会计师。他们根本没意向投资你的公司，而是会诱使你签署向你介绍真正投资人的收费协议。经纪人的工作往往是值得付费的，但是要认清谁是天使，千万别被误导。

如何避免以上这些天使投资人呢？只要有可能，只接受可信的个人投资或专业的天使投资机构的投资，不要接受故意引诱你的人。即使这样，你也要在业内做一些尽职调查。问问他们投资过的其他公司，问问这些公司的老板，看看他们的投资人是什么样的人。

还有，要让律师来写最初的投资文件或长期负债表，而不是让投资人写。这样的文件应该是给你所有的投资人的标准文档，而不是可以用来一对一谈判的。要注意补充条款可能会回咬你一口。现在并不是所有的天使都想赚一双自己的翅膀。

5.3.4　土大款型天使投资人

有钱不一定是商业精英，土大款就是很好的例子。土大款型天使投资人就是指那些虽然拥有巨额财富，但是对于创业项目领域内的专业知识一窍不通的投资人。判断对方是不是土大款型天使投资人非常容易，你只需要问几个问题或者听对方问的问题就知道了。如果对方问的问题比较肤浅或者根本不懂领域内的专业知识，那你最好不要与之形成长期合作。

一家硅谷科技公司的天使投资人就是一位来自英国的养殖场农场主。正是有了这笔 100 万美元的天使投资，这家科技公司才顺利建成。然而，这位农场主虽然是个好人，但是对于该公司没有产生任何附加值。当该公司进行下一轮融资的时候，农场主既无法向著名天使投资人一样为公司背书，也帮不上什么忙。

另外，土大款型天使投资人对创业公司的预期非常高，他们甚至梦想公司可以在三年内上市。这样他们不仅可以获得财富上的回报，还能获得荣誉感。然而，当公司在创业过程中遭遇艰难时刻，这些土大款型天使投资人会雪上加霜，让你的处境更加艰难。

那么，哪些天使投资人是对创业者比较有利的呢？下面是创业者应当追求的三类天使投资人，如图 5-5 所示。

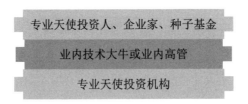

图 5-5　创业者应当追求的三类天使投资人

这三类天使投资人是创业者的最好选择。他们充满智慧，投融资经验多，可以为创业者提供丰富的增值服务。但是要想获得他们的青睐，就与获得风险投资人的青睐一样困难。

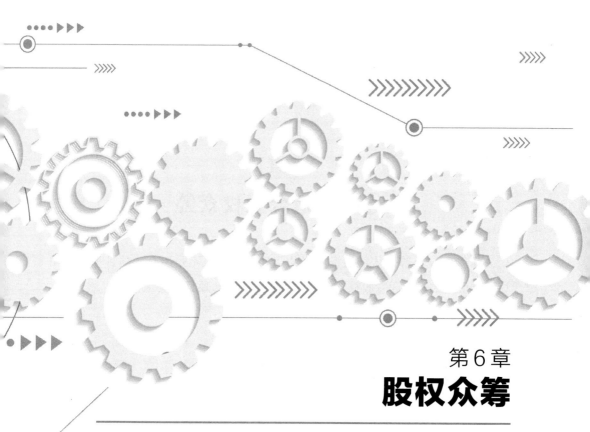

第6章
股权众筹

　　第一章提到，股权众筹是一种新型融资渠道，是多层次资本市场的一部分。与传统创业融资环境中单一、门槛高的融资选择不同，股权众筹为很多有创意、无资金的创业者们提供了一种低门槛的融资方式。随着股权众筹的迅速走红，目前的互联网众筹平台成为互联网金融领域的大热风口。本章具体来讲股权众筹的运行模式。

6.1

你是否适合股权众筹

尽管股权众筹比传统融资方式的门槛低，但也不是所有的项目都能使用这种融资方式。下面看股权众筹模式对创业团队和项目的要求。

6.1.1 团队：最好已经搭建完备

股权众筹的参与者更多的是非专业投资人，他们不像专业的天使投资人一样感性，认准了人和创意就全力支持。他们更看重项目当前表现出来的风险大小，包括团队是否完备，项目是否有发展潜力等。

所以，股权众筹对创业团队的要求是已经搭建完备。一个搭建好的创业团队应当有领导者、技术人员、营销人员、财务人员，如果还有行业经验丰富的资深人士就更好了。

图 6-1 搭建完备的创业团队

1. 领导者

每一个团队都需要有一个领导者，负责带领团队走向成功，这个人应当是公司的 CEO。当团队同时出现两种甚至两种以上的不同意见，这种情况是非常棘手的。此时，领导者需要有做出抉择的魄力，还能让团队成员信服。

2. 技术人员

没有技术，就无法研制出有竞争力的产品。所以说团队至少有一个技术人员，负责领导公司的技术进程。这样，投资人才会相信你们可以研制出优势产品，最后走向市场。

3. 营销人员

创业团队的任务不仅是开发新产品，开发出新产品后，还要推向市场卖给用户。所以，没有营销人员是不行的。在开发产品阶段，营销人员的作用可能不太明显，但是把产品推向市场时，技术人员就没有用武之地，而营销人员则更加重要了。

4. 财务人员

无论在哪一阶段，公司的财务管理都是重中之重。如果不进行财务控制，可能产品还没有出来，钱已经烧光了。很多初创企业都是因为缺乏资金管理意识，无节制地烧钱，最终造成现金流中断而失败的。财务人员的管理保证了公司有持续稳定的现金流，有助于公司长远发展。

5. 资深人士

领导者、技术人员、营销人员等都可以是这个资深人士。资深人士拥有更多的行业经验，对市场和用户的了解更加透彻。有他们的帮助，团队可以创造出有市场需求的新产品。

你的团队是否拥有以上 5 种人才？这是最基本的团队结构，缺少其中任何一种，团队搭建都是不完备的。

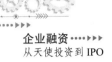

6.1.2　融资金额：300万元以下

根据天使街股权众筹平台的数据统计结果，筹集到目标融资额的股权众筹项目占股权众筹成功项目的 50%；筹集到资金但未达到目标融资额的股权众筹项目占股权众筹项目的 50%。这意味着，只有一半的项目会通过股权众筹达到了筹资目标。另外，随着参与股权众筹的项目增多，竞争更加激烈，融资成功率也在持续降低。

因此，在最开始的时候，融资金额的设置要低点，不可以太高。因为较低的融资金额可以在最少的融资期限内达到，这样反而会刺激更多的投资人参与进来。

通过股权众筹平台发起股权众筹的项目非常多，但是股权众筹成功的项目量则不到一半。因此，创业者在确定融资金额的时候，不能贪婪，融资金额越大，融资成功的可能性就越低。

因此，确定一个合理的融资金额是极为重要的。一般来说，融资金额在300 万元以下是比较合理的，融资成功率也更高。毕竟股权众筹也是存在风险的，投资人会根据项目的风险程度以及预期收益确定自己的投资金额。而创业者也可以根据自身项目风险的程度以及预期收益为基础，测算出合理的融资金额。

6.1.3　产品或服务：奇特、吸引人

奇特、吸引人的产品或服务更容易利用股权众筹方式融资成功。

2016 年 6 月，北京小优科技有限公司的亲子阅读 APP "宝宝听"项目获得了一笔数千万元的 Pre-A 轮融资。"宝宝听"项目创始人为连续创业者王洋，其 150 万元的天使融资来自于牛投网上的股权众筹。

2015 年 11 月 10 日，王洋的"宝宝听"项目在牛投网上开启众筹路演，上线 24 小时内就完成了 150 万元的众筹金额。24 小时完成融资，不用跟 VC 投资机构缠斗，这么火热的项目究竟有什么吸引人的点呢？它凭借什么获得了投资人的认可呢？

在快节奏的互联网时代，家长因为工作等其他不可控因素导致不能陪伴

在孩子身边的现象非常常见。王洋开发"宝宝听"的初衷就是解决家长陪伴孩子的问题。受到唱吧形式的影响，王洋按照唱吧的玩法创办了"宝宝听"。

提到给孩子讲故事，大家想到的是"凯叔讲故事"。"凯叔讲故事"通过王凯的名人效应和市场先发优势迅速成为这一领域的佼佼者。与之不同，"宝宝听"做的是家长讲故事。王洋认为，家长和孩子在阅读中可以建立情感交流，这种情感交流是孩子成长过程中不可缺少的一部分，而且谁也不能替代父母的角色。

凯叔的故事讲得非常精彩，但是这中间很难充分传递父母的爱。对于孩子来说，与父母进行情感联动是维系亲情的纽带。如果父母不能时刻守在孩子身边，那么用声音守护孩子也是一种很好的方式。

王洋曾经做过文化活动和实景演出，可以在技术上实现将爸爸妈妈的声音最真实地还原给孩子。不管父母与孩子距离多远，家长可以使用"宝宝听"讲故事并上传，然后由看护人播放给孩子听。云技术还可以将这些故事保存在云端。

"宝宝听"的业务分为三部分：故事库、用户数据库、第三方资源数据库，如图 6-2 所示。

图 6-2　"宝宝听"业务

1. 故事库

故事库指的是"宝宝听"APP 端经过授权发布的故事内容。"宝宝听"还将争取与我国各大儿童读物相关出版社合作，使得故事库的内容达到 3 万以上。故事库的内容涵盖 16 个类目，适合 0 ～ 6 岁不同年龄、不同能力的宝宝。

2. 用户数据库

用户数据库包含用户在"宝宝听"APP 端进行点击、阅读、录制等一系

列行为产生的数据。"宝宝听"给每个用户建立了一个单独数据库，未来会与积分商城打通，使得用户行为与积分挂钩，增强用户的活跃度和黏性。"宝宝听"致力于打造故事库内容，对接任何第三方资源，以服务用户为目标。

3. 第三方资源数据库

第三方资源数据库指的是与故事内容相关的线下亲子活动和早教活动。比如，父母给孩子讲动物类的故事，那么，第三方资源数据库就会根据用户的地理位置推荐附近的动物园等线下亲子活动。与此同时，用户还能收到同城的另一家关注动物的用户推荐。两家可以进行沟通，然后一起去参加活动，这一功能在 2016 年年底上线。

"宝宝听"的盈利途径除了线下活动的分成，还包括专家给父母提供的育儿书单的商城。王洋透露："'宝宝听'将成立原创内容中心，吸引更多的原创作者和插画师进入'宝宝听'。未来，'宝宝听'的第 4 个数据库就会是这些原创内容 IP 的集合，这些 IP 将会是更具价值的盈利模式。"

黑马社群（牛投网的线下社群）成员、影驰科技创始人林世强非常看好"宝宝听"项目，决定投资"宝宝听"。黑马社群成员、无锡矽鼎科技创始人陈海雷决定跟投。因此，"宝宝听"项目在上线牛投网之前已经获得了两人 500 万元天使融资。

2015 年 11 月 11 日，"宝宝听"项目在 24 小时内完成认购。黑马会副会长、丰厚资本创始合伙人杨守彬认购 20 万众筹金额。杨守彬认为："亲子市场是永恒的大市场，父母是孩子最好的老师，父母用新互联网方式来给孩子讲故事是一种最好的参与方式，每个父母都愿意参与到孩子的成长过程中，用这种陪伴型工具作为切入点，加上创始人文化行业的背景，可以将内容转化为 IP 切入文化产业。"

林世强也在"宝宝听"项目线上路演群内说出了自己的投资理由："我创业很早，那时我宝宝还没出生。在宝宝三岁之前，我对他的关爱很少。所以，当我听到那个'宝宝听'这个项目的时候，我第一感受就是为了我们的下一代，我应该做点事情。"

截至 2016 年年底，"宝宝听"下载量为 300 多万，注册用户 30 多万，日活用户 1 万～ 5 万人。不难想象，当初参与众筹的"天使们"未来会获得相应的回报。

6.1.4 股权结构：简单明晰，已有天使投资

我们在 2.3.1 中讲到合理与不合理的股权结构，股权结构的重要性已经不用多说。需要注意的是，股权众筹对创业公司股权结构的要求是简单明晰，但是还要以合理为基础，五五分等均等模式都是要避免的。

简单明晰、合理的股权结构要求创始人有核心的占股地位，有绝对的控股权。合理的股权分配在很大程度上降低了股东之间未来出现矛盾的可能性。

另外，项目在股权众筹之前应当已有天使投资，因为天使投资人在无形中为项目做了信任背书，有助于普通投资人在股权众筹过程中对项目做出精准判断。

6.2
常见的三大组织模式

股权众筹主要有三种组织模式，分别为有限合伙模式、股权代持模式、契约型基金模式。其中，有限合伙模式是股权众筹最常用的组织模式。下面对三种组织模式分别进行介绍。

6.2.1 有限合伙模式

有限合伙模式是指参与股权众筹的投资人分为 50 人一组，分别设立一个合伙体，然后由有限合伙体作为投资主体投资于融资项目公司。在有限合伙模式里，有限合伙体是项目公司的股东。富有经验的投资人成为普通合伙人，其

他投资人成为有限合伙人。这种模式的好处有两个，一个是相对于领投人来说的，另一个是相对于跟投人来说的。

第一，作为领投人，可以通过合投降低投资额度、分散投资风险，而且还能像传统风险投资一样获得额外的投资收益。

第二，作为跟投人，往往是众多的非专业个人投资者。他们既免去了审核和挑选项目的成本，而且通过专业投资人的领投，也降低了投资风险。与传统风险投资的跟投不同，跟投人并不需要向领投人交管理费，降低了投资成本。

目前股权众筹多数采用有限合伙模式，包括牛投网、京东东家、蝌蚪众筹等股权众筹平台。

6.2.2 股权代持模式

参与股权众筹的投资人非常多，而且大多分布在不同的城市里，管理极其困难。为了解决管理难题，大多数股权众筹项目使用了股权代持模式。

代持模式是指在所有的投资人里选择少数投资人作为项目公司的登记股东，少数投资人与其他投资人签订股权代持协议，代持其他投资人的股份。对投资项目比较多的投资人来说，通过代持模式参与股权众筹是非常实用的。此模式的优势是不用设立有限合伙实体，最大问题是涉及人数众多时，股权代持涉及的投资人极易产生纠纷。

股权代持协议是具有法律效力的。我国《公司法》规定，有限责任公司的实际出资人与名义出资人订立合同，约定由实际出资人出资并享有投资权益，以名义出资人为名义股东，实际出资人与名义股东对该合同效力发生争议的，如无《合同法》第五十二条规定的情形，人民法院应当认定该合同有效。该法律条款从原则上承认了股权代持协议的法律效力。

《合同法》第五十二条规定了代持合同无效的情形："一方以欺诈、胁迫的手段订立合同，损害国家利益；恶意串通、损害国家、集体或者第三人利益；以合法形式掩盖非法目的；损害社会公共利益；违反法律、行政法规的强制性规定。"

由此可知，国家认可股权代持的有效性，但是股权代持的风险也很大。

下面从三个方面看股权代持的风险。

第一，在股权代持过程中，实际出资人与名义股东之间容易发生信任道德风险。信任是股权代持的前提。如果信任发生问题，名义股东未经实际出资人同意将实际出资人的股份转让给其他人或进行抵押融资，实际出资人的利益就受到了损害。另外，名义股东如果因为个人债务的原因使得代持他人的股份被司法机关强制执行，其中的法律风险很难避免。

如何防范此类风险呢？主要有三种方法，内容如图 6-3 所示。

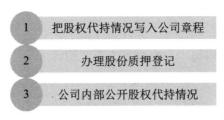

1　把股权代持情况写入公司章程

2　办理股份质押登记

3　公司内部公开股权代持情况

图 6-3　防范信任道德风险的方法

项目公司将股权代持的情况写入公司章程是一个不错的方法。另外，还可以提前对代持股份办理质押登记，约定高额的违约责任来保护实际出资人的利益。将公司股份代持的情况作为股权代持协议的附件，然后在公司内部公开实际出资人以及委托持股的情况，可以避免名义股东轻易处置代持股权事件的发生。因为其他股东对名义股东起到了监督作用，一旦发生争议，也有充分的证据支持。

第二，公司上市前会清理股权代持。股权结构清晰是公司上市的基本要求之一，而股权代持会被中国证监会认定为股权不够清晰，要求拟上市公司对其进行清理。现有的清理方法是由公司进行回购、转回给实际出资人或直接转给名义股东等。在签订股权代持协议时，实际出资人与名义股东应当对这种情况进行约定，并且约定清楚转让回购的估值，避免以后发生分歧。

第三，实际出资人难以监督项目公司运营。实际出资人难以监督项目公司运营是很多投资人的一个顾虑。事实上，实际出资人可以通过代持协议保证自己的这一权利。比如，在代持协议里约定名义股东的权限，必须征求实际出资人书面同意的重大事项等。

一个股权众筹咖啡馆项目就使用了股权代持模式，但是其实际出资人参与的范围是非常广的。从项目的选址、公司 LOGO 设计、公司对外的宣传语，实际出资人都可以提意见。参与形式包括线上问卷调查、微信群讨论、线下聚会等。

尽管股权代持模式的使用已经比较普遍，而且具有很多优势。但是大家还要理性看待这种股权众筹的组织模式，既要理解其合法性，又要看到其风险。

6.2.3　契约型基金模式

与有限合伙模式相比，契约型基金模式的操作更加简便。契约型基金模式不需要设立有限合伙实体，只是由基金管理公司发起设立契约型基金。然后，基金管理公司成为基金管理人，与其他投资人签订契约型投资合同。在这种情况下，基金管理公司是投资主体，是项目公司的股东。

目前，天使客、原始会、众筹网、众投邦等多家股权众筹平台都涉及了这种模式。这些股权众筹平台通过设立专门的新三板基金汇集个人投资者的资金，然后以有限合伙企业的方式参与到项目中。

股权众筹平台设立一项契约型基金步骤有 4 个，内容如图 6-4 所示。

图 6-4　股权众筹平台设立契约型基金的步骤

1. 领投人登记和基金备案

根据中国证监会出台的《私募投资基金监督管理暂行办法》，设立私募基金管理机构和发行私募基金不需要行政审批，但必须在依法合规的前提下完成管理人的登记和基金的备案工作。因此，参与股权众筹的领投人向跟投人发行契约型基金之前也需要在基金业协会官网上办理基金管理人的登记手续；基金募集完成后，领投人还要将该契约型基金登记备案。

2. 签订投资协议

契约型基金模式只需要通过投资协议就可以确定平台方、领投人与全体跟投人之间的关系，所以投资协议是非常重要的。投资协议需要明确领投人和跟投人之间的权利与义务关系、投资决策、投后管理、退出机制、利益分配原则和方式、领投人的管理费用等。各方要谨慎对待投资协议中的每一个细节问题，落实各方的权利与义务。

3. 签订托管协议

托管协议通常是指投资协议中的托管条款，投资协议是由平台方、领投人、跟投人共同签订的。托管协议中列明了平台方的权利和义务。经跟投人同意，领投人可以单独与平台方签订托管协议。签订托管协议后，平台方会以单项契约型基金的名义开立独立核算的银行及证券账户并进行托管，而且独立于其他基金财产账户。

4. 设立灵活的退出机制

契约型基金模式具有便捷灵活的特点，只要合法合规，领投人与跟投人可以在投资协议中自由约定退出机制，以满足双方的特定需求。契约型基金模式的退出之所以便捷灵活是因为同一基金中的不同跟投人不存在相互制约的关系，部分跟投人发生变动不会影响整体投资计划。

在契约型基金模式下，原跟投人可以通过平台方以买入价把受益权转让出去，解除投资协议关系，拿回资金；新跟投人也可以在平台上以卖出价从原跟投人手里买入受益份额进行投资，与领投人建立投资协议关系。契约型基金的灵活交易提高了股权众筹资金的流动性。

作为项目方，创业者应当根据具体情况选择股权众筹的组织模式，最大

程度上维护自己和投资人的利益。

6.2.4　柳传志参与罗辑思维股权众筹，估值13.2亿元

罗辑思维是一个大型互联网知识社群，互动形式包括微信公众订阅号、知识类脱口秀视频及音频、微商城、贴吧等，由自媒体人罗振宇运营。罗辑思维主要服务于"80后"、"90后"有"爱智求真"强烈需求的年轻群体，以"有趣、有料、有种"为口号，倡导以独立、理性的思维方式思考问题，推崇以自由主义和互联网结合的思维，凝集阳光向上、爱智求真、人格健全、拼搏上进的年轻人。

2015 年 10 月，罗辑思维完成 B 轮融资、股权众筹融资。其中，B 轮融资的领投人为中国文化产业基金，领投人为启明创投；柳传志、柳青、柳林、俞敏洪、李善友、包凡等行业大佬参与了罗辑思维的股权众筹。华兴资本担任此次融资的独家财务顾问。

罗辑思维在此轮融资通稿中称："罗辑思维现有产品包括微信公众订阅号、知识类脱口秀视频及音频产品等。目前罗辑思维视频节目播放量超过 2.9 亿人次，微信订阅号用户也已突破 530 万人。"截至 2016 年 3 月，罗辑思维微信订阅号用户已经突破 666 万。

罗辑思维 CEO 李天田表示："对于一家从第一天就实现盈利的创业公司来说，融资不是目的，而是基因杂交的手段。"即便是参与人数众多的股权众筹，罗辑思维也能获得众多行业大佬的青睐。原因是什么呢？

首先，罗辑思维的内容生产和导流能力好。内容是移动互联网时代最大的流量来源。众所周知，罗辑思维是个老牌的内容社群，粉丝量一直持续稳定增长。而这些忠诚的粉丝都是依靠罗辑思维生产的原创内容维系的。

作为新的投资人，中国文化产业基金合伙人陈杭表示："内容消费、社群经济和中产阶级消费升级是未来经济的主要增长点，这些增长点正是罗辑思维的强项，罗辑思维的内容生产能力和社群聚集力都已证明罗辑思维的领先地位，并会继续领先，还会衍生出更丰富、有趣的经营模式，我们非常看好罗辑思维未来的发展。"

华兴资本董事总经理杜永波也对罗辑思维表示看好："从成立到现在，罗辑思维作为互联网知识社区，在内容生产和社群电商方向也具有拓展能力和想象空间。我们很高兴看到罗辑思维在这么短的时间内发展成为中国最大的知识传播平台，相信公司未来能够在管理层的带领下获得更大的成功。"

其次，罗辑思维的变现方式多种多样。对于投资人来说，内容是入口，变现能力是最关键的。大多数媒体的收入包括了广告发布、线下活动、整合营销等。而自媒体则依靠承接广告、软文、公关稿等业务盈利，盈利方式相对比较单一。自媒体有没有可能找到更好的方式实现盈利？

相比之下，罗辑思维的变现方式是多种多样的。下面从三个方面来分析罗辑思维的变现方式，内容如图 6-5 所示。

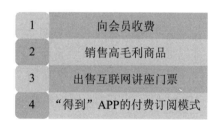

1	向会员收费
2	销售高毛利商品
3	出售互联网讲座门票
4	"得到"APP的付费订阅模式

图 6-5　罗辑思维的变现方式

1. 向会员收费

2013 年 8 月 9 日，罗辑思维只用了半天时间就筹集了 160 万元，并售完会员数目。同年 12 月 27 日，罗辑思维进行二期会员的招募，规定支付方式只有微信付款。在一天之内，2 万人加入了罗辑思维会员，罗辑思维成功筹集资金 800 万元。这就是"史上最无理的会员收费制"，其实深入分析其成功原因，还是因为罗辑思维的优质内容受到了粉丝喜爱。

2. 销售高毛利商品

除了会员，罗辑思维的另一个盈利模式就是对高毛利商品进行饥饿营销。罗振宇曾经做过最成功的两种商品是图书和月饼。

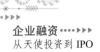

普通的图书当然不是高毛利商品，但是礼品版的图书套装就不一样了，因为图书套装礼盒已经超越书籍范畴，成为一种礼品了。

而月饼也是暴利商品。罗振宇在卖月饼的时候使用了众筹玩法，吸引了众多会员参与。根据罗辑思维微信公众号截取的销售数据，在产品销售的 13 天时间里，用户参与人数为 2 698 790 人，总参与次数为 8 000 972 次，完成的订单笔数为 20 271 笔，总销售量为 40 038 盒。其间，一些罗辑思维的忠实"土豪"粉丝甚至花钱买月饼送给罗辑思维的会员。

3. 出售互联网讲座门票

在互联网时代，很多传统企业家都在搞互联网转型，但是又不知道如何下手，所以关于互联网讲座方面的需求特别大。截至 2016 年年初，罗振宇搞互联网讲座的出场费按小时计算已经达到 6 位数。

2015 年 12 月 31 号晚上，罗振宇举行了一场名为"时间的朋友"的跨年演讲。此前，罗振宇已经在罗辑思维公众号上宣布会将这个演讲持续办 20 年（每年的同一时间举办），并预售 20 年的门票 99 张，售价 40 000 元；18 年的门票 300 张，售价 36 000 元。罗振宇表示，这些门票一推出就被大家一抢而空。

4. "得到" App 的付费订阅模式

2016 年 1 月，罗辑思维上线了"得到"APP，由 40 人左右的独立团队运营。得到的商业模式是"付费订阅"，即用户只有付费才能阅读平台上的内容。得到平台上的内容分为音频、图书干货提炼、全本书三类内容。截至 2016 年年底，包括李翔、王煜全、王烁、和菜头、刘雪枫等内容提供者已经入驻平台提供付费订阅内容，订阅价格大多数为 199 元 / 年。"得到"上线以来，业务发展很快。其中，《李翔商业内参》上线仅 3 个月，已获得 7 万用户、1 400 万元经营收入。

在罗振宇看来，"自媒体是一个特定的时代，这个概念会泡沫化，未来会越来越少被提起。而内容生产个人化是一个趋势"。作为特色鲜明的知识品牌，罗辑思维受到用户欢迎、投资人青睐是非常容易理解的。

6.3
股权众筹融资的一般流程

股权众筹融资的一般流程分为 4 个阶段，分别是项目获取及筛选、项目推介及投资、项目投后管理、投资人退出等。在具体操作过程中，因为项目、股权众筹平台不同，操作流程或有所变更，但大致相同。

6.3.1　项目获取及筛选

项目获取及筛选是指股权众筹平台大量搜集标的项目，并通过项目初审、创业团队约谈、尽职调查等步骤对标的项目进行科学、系统地筛选，找到那些符合平台要求的优质项目的过程。

以牛投网股权众筹平台为例，项目满足下面任意一种要求，就可以上线牛投网。

（1）被主流风险投资机构及市场认可的，优秀投资机构或个人天使领投的，高风险高回报的创新型企业及领域。

（2）传统企业向互联网方向转型的，社群信用背书强的，单体规模较大、增长速度较快、现金流良好的中型企业。

（3）有望进入上市通道的偏成熟企业。

（4）具有良好信用背书的初创型、中小微企业。

（5）具备单体规模小、增长速度适中、现金流良好等特征的企业。

在此基础上，上线牛投网的股权众筹项目主要有 4 个特征，内容如图 6-6 所示。

1. 知名天使或 VC 领投

如果创业项目由外部优秀风险投资机构或知名天使领投，那么只要接受牛投网投资协议，就可以上线牛投网进行股权众筹。

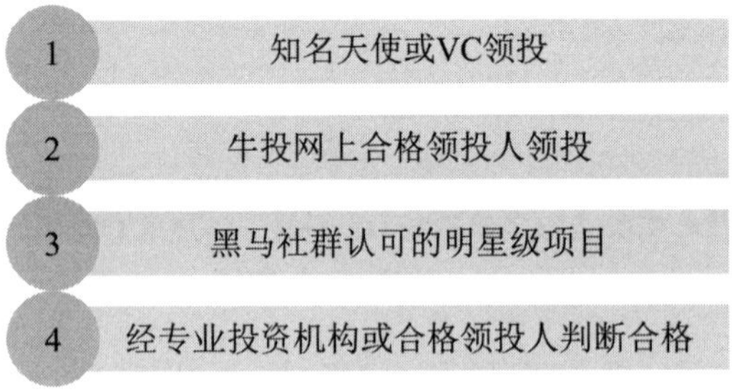

图 6-6 牛投网筛选项目的特征

2. 牛投网上合格领投人领投

如果创业项目由牛投网认可的投资机构或投资人领投,而且接受牛投网投资协议,那么该项目可以上线牛投网进行股权众筹。

3. 黑马社群认可的明星级项目

在黑马会、黑马学院历次大赛、路演、分享、上课中展现出来的,被黑马社群导师、评委、投资人认可的,经过牛投网团队或黑马资本团队撮合交易、确定合格领投的明星级项目。

4. 经专业投资机构或合格领投人判断合格

牛投网投资团队在外部获取的、经过牛投网合格领投人或专业投资机构判断的、具备良好投资价值且确定合格领投的项目。

筛选优质项目是股权众筹的第一步,要求低成本、高效率。通过股权众筹平台审核后,创业者就可以在平台上发布项目,与投资人联系了。

6.3.2 项目推介及投资

项目推介及投资阶段包括项目的线上启动、项目路演、确定领投人和跟投人、签订投资条款清单、确定组织模式、签订投资协议以及交割等。

在线上启动阶段,项目创始人需要具有主角意识,准备好股权众筹平台需要的项目资料等。在这一过程中,平台方会对创始人进行沟通培训,为创始人提供融资疑难解答。项目上线之后，创始人要与平台方协商，确定路演时间。

路演的目的是吸引投资人参与。我们在 5.2.3 节中具体讲过孵化器路演，这里所说的路演与之大体相同，不过一般是线上进行。

路演结束之后，就是投资人找上门的阶段了。一名合适的领投人是股权众筹成功的关键。领投人大多是专业投资人，具有丰富的专业知识和投资经验，可以独立做出判断，并承担投资风险。领投人的行业资源和影响力有利于项目找到跟投人。

在整个股权众筹的过程中，领投人负责制定投资协议条款、投后管理、出席董事会以及退出。一般情况下，领投人可以获得 5% ~ 20% 的利益分成，具体比例可与项目和领投人协商决定。

跟投人的重要性也是不可忽视的。跟投人只负责出资，不参与项目的投后管理，最终获取投资回报。跟投人拥有对项目的审核和监督权，而领投人对跟投人的投资决定不承担任何责任。

达成投资合作意向之后，项目方就可以与投资人签订投资条款清单了，约定投资协议中的主要内容。除了保密条款、排他性条款以外，投资条款清单本身不具有法律效力。

达成投资合作意向之后，项目方与投资人要根据具体情况确定组织模式，我们在上一节中有具体讲述，这里不再多说。

最后，项目方与投资人可以签订投资协议，约定双方的义务和权利。投资协议签订之后，双方需要完成交割，这才算是完成了投资。

6.3.3　项目投后管理

当前投后管理不足是制约股权众筹发展的一大问题。那么，股权众筹的投后管理要怎么做呢？

对投资人来说，投后管理包括向项目方提供发展战略以及产品定位辅导、财务规范管理、人才招聘及培训指导等服务。

对项目方来说，应当定期向投资人汇报项目公司进展以及财务、业务、人事等方面的信息、配合投资人的监督、指导以及资源整合等。

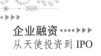

对股权众筹平台来说，管理团队的建设也非常重要。一些大型的股权众筹平台都成立了专门负责投后管理的小组，包括京东众筹、牛投网等。另外，在投后管理小组中，应当由专人负责专个项目，其他人进行辅助，帮助各位投资人对项目进行监督管理。这样一旦出了问题，平台可以直接找到对应的负责人快速高效地解决问题。而且所有的投后管理专员都必须定期、不定期地监督企业对募集资金的使用，最大化地维护好投资人的利益。

对股权众筹平台来说，投后管理的主要内容是辅助投资人对项目公司进行财务监控、业务运营规划指导和合资资源整合，帮助项目公司合理规划资源对接、退出时机与收益点控制和规划下一轮融资策略等方面工作。

业内人士认为，提高股权众筹平台参与方的投后管理能力是必然趋势。只有严格监管投后管理，才能帮助项目走正确的发展方向，同时保障投资人的权益。

6.3.4　为投资人提供退出渠道

本书 3.2.3 小节中讲到投资人的退出方式，包括上市、股权转让、回购及破产清算 4 种。股权众筹投资人的退出方式也是这 4 种。

退出是股权众筹投资资金流通的关键所在。只有完成退出，投资人才能将创业公司的价值增长转换为实际收益。

现阶段，股权众筹的退出案例比较少，与这一投资方式处于发展初期有关。一般情况下，股权众筹会在项目完成 B 轮融资之后退出，但是如果项目的发展势头非常好，也有投资人愿意跟到最后的。

按照惯例，股权众筹的投资人在退出时通常会有一定的折扣，折扣部分以现金或等值股份给予创始团队或以老股形式卖给下轮投资人。因此，股权众筹投资人在 A、B 轮退出的收益会比较低。

6.3.5　积木旅行众筹8个月退出，投资人获5倍回报

2015 年 10 月，出境旅游服务平台积木旅行项目的股权众筹投资人成功退出，41 位投资人都获得了 5 倍回报。这是国内股权众筹领域第一个成功退出

的案例，也成为股权众筹行业发展的里程碑式事件。

积木旅行项目于 2014 年 10 月在天使客股权众筹平台完成众筹，筹集金额达 481.5 万元，并于 2015 年 10 月获得某知名风投机构的 A 轮融资。在不到 1 年的时间里，投资人获得了 5 倍的投资回报，成为了股权融资行业第一批拿到回报的投资人。

积木旅行是一家出境旅游移动端服务平台，以年轻人为主要目标用户群。积木旅行创业团队的成员大多来自携程，包括前携程华南区商旅事业部总监，前携程深圳、南京公司度假事业部总监，前携程深圳技术研发中心高级研发经理等，此外还有百度华南区主要负责人加入。

在股权众筹领域里，如何退出一直都是一个难题。由于行业处于发展初期，并且以早期投资为主，整个行业都被难以退出的阴影笼罩着。此次积木旅行项目的众筹投资人成功退出并且获得 5 倍回报为互联网股权融资正名，也在很大程度上提升了投资人信心。

作为积木旅行进行股权众筹的中介平台，天使客始终致力于打造对项目进行管理的投资—服务—退出完整周期。天使客创始人石俊表示："投资者们开始慢慢将投资重心转移到股权众筹，越来越深入人心。我们平台有个项目正式退出，适当控制风险，小额参与投资是可以赚钱的。"

积木旅行的众筹股东之一林先生表示："在资本寒冬下，之前参与的所有股权众筹项目都没有实现退出，所以对项目退出是极其渴望的。不要说是 5 倍回报，两倍回报也很满足。"

随着股权众筹这种投融资方式流行开来，投资人对股权众筹的认识越来越理性，同时，越来越多的创业者有望通过股权众筹实现小规模融资。

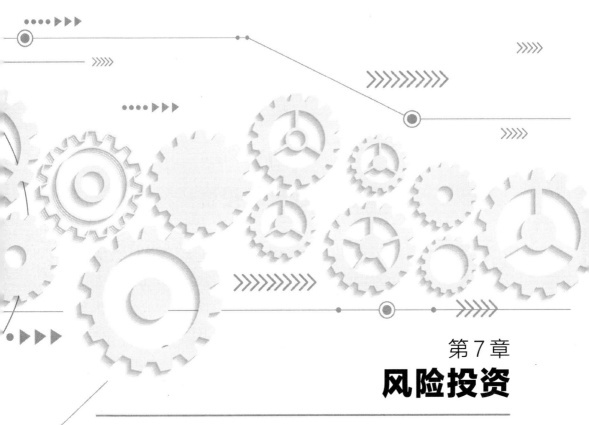

第7章
风险投资

　　如果没有风险投资，我们无法想象资本市场会是什么样的景象。依靠着风险资本的运作，阿里巴巴、百度、腾讯、小米等公司快速成长，改变了我国经济的格局，同时也创造出了一大批富豪。风险投资不仅成就了创业者，也为自己带来了上百倍甚至上千倍的回报。

7.1

什么是风险投资

风险投资（Venture Capital）简称 VC。从广义上讲，风险投资泛指一切具有高风险、高潜在收益的投资；从狭义上讲，风险投资是指对以高新技术为主，生产与经营技术密集型产品的投资。美国全美风险投资协会给风险投资的定义是"由职业金融家投入到新兴的、迅速发展的、具有巨大竞争潜力的企业中的一种权益资本"。

7.1.1　以中小型高新技术企业为目标

风险投资起源于 20 世纪六七十年代的美国硅谷，与传统的金融服务有很大的不同。风险投资家的投资决策建立在对创业者手中持有技术和产品的认同基础之上，不需要任何财产抵押，直接以资金换取创业公司的股权。

2016 年 6 月 1 日，黑龙江省高新技术产业风险投资大会在黑龙江省科技大厦举行。大会当天，黑龙江 350 多位创业公司、科技企业孵化器等代表与紫荆资本等国内 100 余家投资机构进行了交流对接，共实现投融资项目签约总金额 15.85 亿元。另外，8 家投资机构通过现场路演发起募集资金，新成立了 6 支高新技术风险投资基金，规模达 13 亿元。

风险投资的主要投资目标为刚刚起步的中小型高新技术企业，具有与一般投资不同的特点，主要表现在三个方面，内容如图 7-1 所示。

图 7-1　风险投资的三个特点

1. 风险更高

　　由于风险投资的主要投资目标是刚刚起步的中小型高新技术企业，企业的规模还比较小，没有固定资产和资金作为抵押担保，所以投资风险非常高。如果科技技术经不起市场检验，无法转化为现实的生产力，创业公司就有倒闭风险，而风险投资人的钱也打了水漂。

2. 收益更高

　　风险投资好比赌博，一旦成功，就能获得非常大的回报。如果创业公司未来发展壮大，增值迅猛，风险投资人可能会获得几百倍甚至几千倍的投资回报。

　　根据小米 2016 年的 450 亿美元估值，晨兴创投之前 3 轮投资 6 000 万美元获得的 11% 小米股份已经价值 49.5 亿美元，回报率达到 80 多倍。而且小米估值还在增长，晨兴创投完全有可能获得超过 100 倍的回报率。

3. 流动性更低

　　风险资本在高新技术企业刚起步的时候就投入了，当企业的商业模式发展成熟之后才能通过资本市场变现。这一流程至少在 3 ～ 5 年以上，而在这期间，资金基本上无法流动。

　　风险投资对高新技术产业发展有重要的支持作用，在推动技术创新、调整产业机构、改变社会就业结构、增加投资渠道、加强资本市场的深度等方面有重要的意义。

7.1.2　投资期限至少3～5年以上

风险资本从进入被投企业到退出所间隔的时间长短就是风险投资的投资期限。风险投资期限至少在 3 ～ 5 年以上，投资方式一般为股权投资，占据被投企业 30% 左右的股权，不需要任何担保或抵押。

2016 年 10 月 13 日，共享单车平台摩拜单车完成近亿美元 C+ 轮融资，而这距离摩拜 2016 年 9 月 30 日拿到 C 轮 1 亿美元融资还不到一个月时间。

摩拜单车是一种互联网短途出行解决方案，可以实现无桩借还车。摩拜单车的创始公司为北京摩拜科技有限公司，创始人为王晓峰、胡玮炜等。用户可以使用智能手机快速租用和归还一辆摩拜单车,低价享受几公里的市内骑行。

2016 年 4 月 22 日，北京摩拜科技有限公司在上海召开发布会，正式宣布摩拜单车登陆上海。上海成为摩拜单车的第一站，随后，摩拜单车于 2016 年 9 月进入北京和广州市场，以其独特的造型和醒目的银色车身引发社会关注与市民尝鲜。截至 2016 年 10 月，摩拜单车已经投入数万辆单车，还在持续补充覆盖。

2015 年 10 月，摩拜单车拿到风险投资机构愉悦资本的数百万美元 A 轮投资；2016 年 8 月，摩拜单车拿到数千万美元 B 轮投资，熊猫资本领投，愉悦资本和创新工场跟投。2016 年 9 月底，摩拜单车完成超过 1 亿美元的 C 轮融资，由高瓴资本、华平投资集团领投，包括红杉资本、启明创投和摩拜单车早期投资方跟投；2016 年 10 月 13 日，摩拜单车完成 C+ 轮融资，投资方包括腾讯、红杉、华平投资、高瓴、贝塔斯曼、创新工场、熊猫资本等多家机构，同时还拿到了美团创始人兼 CEO 王兴的个人投资。

愉悦资本、熊猫资本、红杉资本、创新工场等风险投资机构参与了摩拜单车不止一轮融资，而在当前看不到盈利的情况下，投资期限估计会超过三五年。

7.1.3　高度专业化和程序化的投资决策

摩拜单车之所以能够让如此多的风险投资机构持续参与投资是有原因的。在投资之前，这些风险投资机构对摩拜单车项目进行了高度专业化和程序化的考察，最终被项目说服，然后做出了投资决策。

时间倒回到 2016 年年初，摩拜单车资金短缺，联合创始人胡玮炜开始为钱发愁。当时的她根本没有想到，摩拜单车有一天可以让各大投资机构趋之若鹜。

2016 年三四月，胡玮炜以及其他团队成员开始四处寻找投资人。但是大多数基金刚听到摩拜单车"自己重金造单车，租金半小时一块钱"的模式就没有了兴趣。他们认为这种玩法没有前途，难以盈利。还有一些投资人与胡玮炜约好时间见面，后来却爽约没有出现。

很快，事情发生了反转。还不到半年时间，摩拜单车就打了一场漂亮的翻身仗，成为国内火热的创业项目之一，备受资本宠爱。一位投资人评价说："摩拜单车不仅是互联网下的刚性需求，还能得到政府支持，让用户开心，说不准就是下一个滴滴出行。这么好的机会你不抓住，可能瞬间就会错过几个亿。"

摩拜单车需要快速融资，是由其高成本的商业模式决定的。与滴滴打车类似，摩拜单车想要大获成功，就必须通过资金投入快速占领市场，垄断市场。摩拜单车是如何打动风险投资人的呢？摩拜单车仅仅向投资人讲了三点，内容如图 7-2 所示。

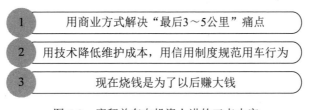

图 7-2　摩拜单车向投资人讲的三点内容

首先，用商业方式解决"最后 3 ～ 5 公里"痛点，这是摩拜单车的定位。滴滴出行解决了用户中长距离的出行难题，但是"最后 3 ～ 5 公里"问题始终困扰着用户，而摩拜单车通过一个 APP 随扫随骑，还不依靠电子桩的全新出行方式解决了这一问题。

使用摩拜单车，用户可以方便快捷地到达公交地铁站、购物中心或是在小区里逛游。摩拜单车的每个投放点大概有 300 ～ 400 辆单车。用户完成下载 APP、注册账户、交付押金、扫码解锁等流程后，就可以骑着摩拜单车到附近溜达。

摩拜单车用商业方式解决了一个社会痼疾，这既满足了用户的需求，又有很大的市场。于是，摩拜单车很快得到了熊猫资本认可，完成了 B 轮融资。

其次，用技术降低维护成本，用信用制度规范用车行为。如何降低维护费用？如何防止不规范用车行为？这是传统公共自行车系统所面临的两大挑战，也是公共自行车推广难以普及的原因。第一个问题，如何降低维护费用？一辆摩拜单车的诞生过程说明了一切。

从轮毂、车体到智能 U 型锁，摩拜提供一整套独有的研发和设计方案，以求做到除了好看之余，还得"4 年免维护"。

第一，摩拜单车用轴承结构替代了自行车链条，解决了自行车"掉链子"难题；第二，摩拜单车借鉴汽车工艺，用 5 条幅轮毂去替代传统 32 条幅结构，增强了自行车的抗击性；第三，摩拜单车用铝材替代了钢铁，使得车身防水防锈；第四，摩拜单车的轮胎具有防爆功能，抗磨损，不需要充气；第五，摩拜单车配置的智能锁内置物联网和 GPS 芯片，可以通过骑行产生的动能给自行车充电；第六，摩拜单车的车座无法调高，也没有装篮筐，可以最大程度上避免损坏；第七，摩拜单车采用橙色轮毂与银色全铝车身配搭设计，具有很高的辨识度。

总之，摩拜单车的设计方案可以大大降低维护费用，这就具备了可行性。至于不规范用车行为，摩拜建立了一套信用制度，防治用户的不规范用车行为。

摩拜单车信用制度的具体规则为："每位摩拜用户注册之初，均拥有 100 信用分，每骑一次增加 1 分，举报 1 次增加 1 分，违规就扣分。若有违停将一次性扣除 20 分，而当信用分低于 80 时，用车单价将提高到 100 元 / 半小时，如果忘记上锁导致单车遗失，按照协议，需赔偿 2 000 元。"另外，用户还可以通过邀请好友、分享行程、停车位置拍照等行为增加信用分。解决了两大难题，投资人自然纷纷投怀送抱。

最后，现在烧钱是为了以后赚大钱。关于摩拜，争议焦点指向盈利模式。摩拜几乎从不谈论盈利模式，王晓峰也曾经表示："一辆摩拜单车最初的造价需要 6000 元，随着原料采购量的增加，才逐渐降低至 3 000 元。"

那么，按照单价 3 000 元的成本、日均使用 5 次、每次 1 块钱、每年有效骑行时间按 300 天计算，一辆摩拜单车的一年收入是 1 500 元，需要两年才能收回成本。这并不是一个划算的买卖，而投资人为什么会接受一家不会赚钱的公司呢？

熊猫资本的联合创始人毛圣博回答了这一问题："前期硬件成本投入虽然大，但人工运营成本比较低。以目前的速度扩张，待用户量上来之后，收入渠道就不仅仅是租金那么简单，可以做广告，也可以切入电商，想象空间十分大，我们并不担心。"

也就是说，摩拜前几年可能会一直烧钱，但如果它熬过去了，就可以像滴滴打车一样在未来赚大钱。风光的摩拜能走多远？大家可以期待一下故事的结局。

7.1.4　向被投资企业提供增值服务

当下的风险投资人都面临一个挑战，那就是给创业者提供很多资金以外的东西。下面总结了出色的风险投资人会为创业公司做的 5 件事情，内容如图 7-3 所示。

1	协助创业者解决战略问题
2	为公司招揽优秀人才
3	促成交易、合作等
4	提供财务及法务指导

图 7-3　出色的风险投资人会为创业公司做的 5 件事情

第一，协助创业者解决战略问题。如果每月一次的董事会会议只是简单地过一遍事实和数据，那么这样的董事会会议是没有意义的。出色的风险投资人会提前向创业者索要经营状况信息，然后利用董事会会议探讨战略性难题。比如，公司应该深入一个垂直领域还是广撒网，是否要采取开源策略等。

一位风险投资人从来不参加所投资公司的董事会会议，而只是参与战略讨论。在战略讨论会中，他会与创业者列出十大战略话题，然后与高管团队和

其他投资人一起进行讨论。正因如此，这位风险投资人的投资回报率远远高于其他的风险投资人。

第二，为公司招揽优秀人才。对创业公司来说，团队的成长是最重要的。而风险投资人的人脉资源丰富，对人才的识别能力高，可以发现创业者发现不了的人才。

第三，促成交易、合作等。创业公司的资源有限不仅表现在资金方面，客户资源也不够广泛。如果创业者是第一次创业，那么可用的人脉资源更少。让投资人帮助公司拓展客户来源是一种比较理想的投资状态，有助于初创公司的长久发展。如果你的公司业务拓展进入瓶颈期，那么你应当立刻让风险投资人出马，相信会有丰富的收获。

风险投资人麦特·奥科（Matt Ocko）就经常为自己投资的公司促成交易、合作。比如，他投资内存数据库公司 MemSQL 以后，就将 Zynga 的首席技术官介绍给 MemSQL 的创始人兼 CEO 埃里克·弗兰基尔（Eric Frenkiel）认识，双方因而建立了商业关系。

第四，提供财务及法务指导。创业者有可能因为经验不足栽倒在一些枯燥但是重要的事情上，包括法律契约、财务审计和专利申请等。风险投资人可以在这些方面为创业者提供指导。

如果你有幸拿到了风险投资人的投资，那么不要忘了"榨干"你的投资人，因为他们的价值是非常巨大的。

7.2
如何寻找适合的 VC

找 VC 与找创业合伙人一样重要。一个适合的 VC 不仅能够给你资金支持，还能在资源上给你帮助。这样，无论是项目的后期发展，还是后续融资，适合的投资人都会不遗余力地给你出谋划策和提供建议。

7.2.1 把价值观与文化的适配性放在第一位

"我们在此怀着感恩之心与不舍之情向和我们一起走过精彩创业历程的小伙伴们告别！我们把 1 号店看成我们的孩子，倾注了所有的心血和情感，我们吃饭，走路，做梦都想到 1 号店，1 号店是我们的一切，我们用'心'而不仅是用'脑'做 1 号店。"

2015 年 7 月 14 日，1 号店创始人兼董事长于刚发布内部邮件声称离职的消息在商界闹得沸沸扬扬，引起各方唏嘘感叹。之前，业界猜测沃尔玛入股 1 号店致使于刚离职的传闻被间接证实。

1 号店是国内最大的 B2C 食品电商企业，而创始人于刚却因为资本涌入而被迫离开自己一手创办、付出无数心血的企业。这反映了中国商界创始人与投资人在企业经营管理上的矛盾与冲突。

最初，投资人与创始人的关系处于"蜜月期"，两者共同努力推动着公司向前发展。随着时间推移，股权占比发生变化，两者在不同的公司发展理念支撑下，在公司未来走向的控制权、话语权等方面产生了不可调和的矛盾。夺权随之而来，你死我活、你去我留成为最终选择。

1 号店的案例给创业者的启示是在寻找风险投资时要考虑投资人与公司的价值观及文化的适配性。创始人的目光放得比较长远，不在乎短期收益，希望将公司做出品牌来，增加自己持有股票的账面资产。而一些投资人只在乎短期收益，希望在公司成功上市后套现走人，之后公司的发展便与其不相关了。而且，有的投资人为了保障自己的利益，往往会与创始人签订"对赌协议"或者做出投资竞争对手"双面下注"的行为。

中国首席股权架构师、七八点创业投资公司创始人何德文说过，"资本和人一样，是有不同的性格和脾气的。创业者融资时，要读懂资本背后人的不同性格，拿适合自己的钱。等到下雨时才想起修屋顶，只会弱国无外交，控制权地位会很被动尴尬。"

对创业公司来说，企业文化是王道。独特的企业文化可以给创业公司精神力量，支持公司发展强大。一旦创业者锁定了潜在投资人，那么就需要确保他们是否与企业文化打成一片。创业者可以考虑这两个问题：投资人是否想要

参与公司的日常运营工作，还是不管不问？投资人的发展理念与自己是否保持一致？

当创业者与投资人见面时，多数是处于被动的地位。有时候，创业者会被投资人的各种问题轰炸。实际上，创业者也可以问投资人一些问题，比如"如果您愿意投资我们公司，那么您在我们公司中的角色定位是什么？"了解投资人对自己的角色定位，可以有效避免创业者与投资人在未来产生冲突。

7.2.2　提前调查VC或机构的背景

在选择 VC 时，价值观和文化的适配性是第一位的，而提前调查 VC 或机构的背景则有助于创业者对投资人做出判断。这时候，很多专业平台可以为创业者提供帮助。中国的创业邦、美国的天使资本协会等都有大量投资人数据资料可供创业者查询。

看投资人能够给你提供多少资源，这是了解投资人的投资方向与特点的一个目的。如果投资人向你承诺了提供一些资源，最好让他把这些资源写下来，保证能够落到实处。好的投资人可以给你介绍很多人，有可能对你的项目发展起到关键性推动作用。

有的投资人随口就说"你说×××啊，我跟他关系不错，有机会介绍给你认识"，你需要辨别其中的含义。如果你们所谈论的"×××"是一个投资圈大佬，那么这个投资人很可能在利用这个大佬来抬高自己的身价，真实情况是他能力不足，怕你不信任他；如果"×××"属于名气不大但是办实事的人，而且他能说出很多这种类型的人，那这个投资人可能真的是个能力高、资源丰富的人。遇到第二种投资人，你一定要珍惜。

做背景调查时，还可以选两三个投资人曾经投过的项目后，去找项目CEO深入谈谈。同属于创业者，他们会愿意将自己对投资人的了解告诉你。

创业者需谨记，不要单纯为了资金而选择投资人，一定要思考投资人会为公司带来什么。多问问题，多做研究，然后决定公司需要哪种类型的投资人，找到一个理想的投资人，一个智慧的导师，可以帮助创业者获得成功。

7.2.3 选择专业懂行的VC

在调查 VC 或机构背景之后，创业者就可以在此基础上，根据资产和资源的需求选择出专业懂行的 VC。投资人不只是简单地为创业者提供资金，他们还有丰富的投资经验。如果创业者选对了投资人，他们不仅能在资金管理上提供帮助，还能在公司基础设施建设等很多事情上提供帮助。许多投资人还会加入公司董事会，如果投资人与创业者的发展理念相同，那么他能够为创业者提供建议，为公司发展指明方向。

看投资人是不是专业懂行需要与之沟通，向他们请教问题。当你问一个投资人"您平时重点关注哪些领域"的时候，大多数投资人的回答听起来都很机智："移动互联网啊，O2O 啊，大数据啊，智能硬件啊，我都有关注。"总之，他们的回答会尽可能地笼统，防止错失了好项目的机会。这个回答对于投资人是有利的，但是对创业者就不那么实在了。

经过观察和众多实例证明，投资人是个专业懂行的人，他会对这个行业有深入分析和研究，让你看到他想要投资的诚意，而不是敷衍。

如果投资人是大型风投公司，从其组织机构上也能看出它们是不是专业。有些大型风投公司有专属的市场营销部门，这一部门主要负责处理公司外部信息和各种投资组合的事务。

对于创业公司来说，风投公司处理外部信息的部门可以帮助创业者搞定新闻发稿等工作；而那些处理投资组合的部门则对行业更加了解，可以帮助创业者优化公司各个部门组合，使之互相提升。所以说，遇到这种大型风投公司，创业者要把握住机会，因为他们是非常专业懂行的。

7.2.4 O2O在线订餐平台饿了么是如何拿到7轮以上融资的

O2O 在线订餐平台饿了么历次融资记录如表 7-1 所示。

表 7-1 饿了么历次融资记录

时　　间	投　资　人
2011 年 3 月	获得金沙江创投 100 万美元 A 轮投资
2013 年 1 月	获得经纬中国、金沙江创投 350 万美元 B 轮投资
2013 年 11 月	获得红杉资本、经纬中国、金沙江创投 2 500 万美元 C 轮投资
2014 年 5 月	获得大众点评、红杉资本、经纬中国 8 000 万美元 D 轮投资
2015 年 1 月	获得中信产业基金、腾讯、京东、红杉资本、大众点评 3.5 亿美元 E 轮投资
2015 年 8 月	获得 6.3 亿美元 F 轮投资，由中信产业基金、华联股份领投，华人文化产业基金、歌斐资产、腾讯、京东、红杉资本等跟投
2015 年 11 月	获得滴滴出行战略投资，金额未披露
2016 年 4 月	获得阿里巴巴 12.5 亿美元投资

在移动互联网大潮的催生下，O2O 产业风口给予饿了么前所未有的机会。饿了么创始人张旭豪总结了自己的融资经验，给创业者提出以下 5 个建议，内容如图 7-4 所示。

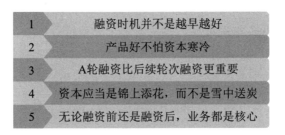

1	融资时机并不是越早越好
2	产品好不怕资本寒冷
3	A 轮融资比后续轮次融资更重要
4	资本应当是锦上添花，而不是雪中送炭
5	无论融资前还是融资后，业务都是核心

图 7-4 饿了么创始人张旭豪的融资经验

第一，融资时机并不是越早越好。张旭豪认为，融资就是卖血肉，以此谋求发展。所以创业团队应当先把商业模式打造出来，有一定的数据和竞争力后再去融资，这样股份会稀释得更少。饿了么 2011 年开始第一轮融资的时候，商业模式已经比较清晰。

第二，产品好不怕资本寒冷。张旭豪表示："如果一种新产品能够被市场认可并且可以复制，可以快速成长，风险投资会很快进来。2011 年，饿了么模式在交大附近获得成功时，虽然我们没有写过任何商业计划书，但是风投就来找到我们了。他们的工作就是找项目，中国好项目不多，只要把你的产品做好，在一个区域内有很好的数据支撑，我觉得很多投资人会来找你。"

第三，A 轮融资比后续轮次融资更重要。张旭豪称："A 轮能否融到多少钱没有关系，你还有 B 轮、C 轮。很多投资人未来会帮你跟投，重要的是在 A 轮你的条款要搭建好，要足够健康而不要太苛刻。比较弱势的投资机构给你的估值高一点，同时你希望有高的估值，并且条款更好，投资机构是不是很有钱不太重要，你可以在 B 轮、C 轮再来弥补。"

第四，资本应当是锦上添花，而不是雪中送炭。张旭豪说："融资的关键在于你的业务有成长，资本基本上都是锦上添花，很难有雪中送炭。你发展不够好，最终会被抛弃；你永远有增长的话，你就是受人追捧的项目。"

第五，无论融资前还是融资后，业务都是核心。张旭豪认为，创业者要把更多的精力放在业务上，把用户体验做扎实，这样自然而然会获得融资。另外，融到钱以后要把重心放在业务本身。占领核心资源，垄断一些核心业务是融资后花钱的目的。所以创业者不能误以为融资以后将钱放在银行里面不花就是好的。

企业不是靠几轮融资就可以发展强大的。在市场好的时候，创业者应当多融资，扩大市场份额，争取在行业里面形成垄断，这是最重要的。

7.3

VC 一眼看中的创始人是什么样的

当风险投资人斟酌是否应该支持一个创业公司时，首先会看其创始人是否符合自己的心意。风险投资人看中的创始人应当具有以下 5 种品质：让创业伙伴不离不弃的魅力、有目标清晰的创业计划、有领导和决策能力、有扩大圈子的社交能力、有行业经验和创业经历。下面一起来看看这些特征。

7.3.1　有不离不弃的创业伙伴

在当前的互联网信息时代，合伙人机制已然成为年轻人创业的主流模式。为团队选定最合适的创业伙伴是创始人需要面临的问题。可以说，优秀的创业伙伴是创业项目最终取得成功的决定因素之一。

戴维·帕卡德（David Packard）是惠普公司的创始人之一，也是惠普公司的前主席兼 CEO。他将惠普公司从一个默默无闻的小公司发展成为全世界第三大电脑公司，创立了著名的"惠普之道"。

在斯坦福大学就读的时候，戴维·帕卡德结识了他最好的创业伙伴比尔·休利特（Bill Hewlett），他们一起拟订了一份创业计划。然而，当他们的创业计划即将开始的时候，整个美国经济一片萧条，于是他们不得已搁置了这个计划。毕业后，戴维·帕卡德加入了通用电气公司，而比尔·休利特继续深造。

两人始终都在等待机会，当美国经济开始复苏的时候，两个好朋友决定实现他们的创业梦想。戴维·帕卡德和比尔·休利特在硅谷的一间车库创立了惠普，然后开始了近半个世纪的合作关系。

惠普的成功一部分取决于市场机遇的来临，还有一个重要因素就是创业团队非常优秀。创业伙伴的选择是可遇不可求的，下面总结了对创业伙伴的三个要求，内容如图 7-5 所示。

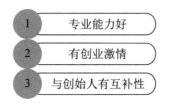

图 7-5　对创业伙伴的三个要求

1. 专业能力好

创业团队要想有所作为，必须对创业伙伴的专业能力有所要求。比如，复星集团对人才的要求是："我们在评价一个人的时候，最重要的是看他的能力，我们永远要跟有能力的人站在一起。在有能力的人中，通过合理的激励把他们变成自己人。"复星集团提倡"最专业的事由最专业的人来决策",这就是复星集团产业稳步前进、发展强大的重要支撑因素。创业团队中每个成员的专业能力都可能为团队发展起到促进作用,也可能成为团队的能力"瓶颈"。

2. 有创业激情

创业伙伴应当富有激情。比如,雷军在年近 40 岁时创建了小米科技公司,他选定的创业伙伴大多是来自谷歌、微软、摩托罗拉等一流企业的高级人才。这些创业伙伴都是被雷军的创业梦想感染满怀激情而来的。在竞争激烈的智能手机市场,优秀的商业模式和充足的资金是成功的必备条件,但如果没有创业激情,雷军很难将这些已经有所成就的高级人才吸引到小米,并在短短的 5 年内将小米做到 450 亿美元的估值。

3. 与创始人有互补性

创业团队不仅需要激情、专业能力,也需要合作技巧。一个初创企业的团队最好是 2～4 人,而且这几个创业伙伴之间应当体现互补优势。比如,马云自己并不懂技术,但是他的合伙人中却不乏技术、运营、营销等高手,这就是阿里巴巴创始人与其他创业伙伴之间的互补。

作为创始人,马云既有独特的思维模式,能够做出具有远见的决策和企业布局,又有超凡的语言天赋,能够获得人才与资源的有力支持。可以说,在创业伙伴的专业和能力互补之下,马云的优势才能体现出来。创始人应当尽量避开优势重叠的创业伙伴,以免造成资源浪费。

7.3.2 有扩大圈子的社交能力

社交能力在创业过程中的作用越来越大。人脉圈子为创始人带来了越来越多的创业信息、资金和宝贵经验。扩大社交圈子,结交更多朋友,获得更多信息和更大发展成为创始人走向成功的捷径。

创始人的社交能力弱,很有可能在创业之初就失败了,因为他们无法凭借有说服力的表白赢得投资人的资金支持和客户的业务支持。另外,如果创始

人的社交能力不够好，很难说服员工认可他的事业，员工就不会拼死拼活地为其打江山。可以说，社交能力就是创始人借力打力的捷径。

3W咖啡馆在中关村创业大街很有名气，被评为"互联网的创业社交圈子"。从事过证券、基金行业相关工作的许单单想往互联网方向发展，于是创立了3W咖啡馆。依靠互联网和投资公司，3W咖啡成为了互联网创业者和投资者的社交圈子。

3W咖啡馆的股东阵容相当强大，像真格基金创始人徐小平、红杉资本创始人沈南鹏等互联网企业的著名人士都入股了3W咖啡。3W咖啡的投资规则是通过购买6万元的10股股权成为咖啡馆的股东。而这些股东愿意花这6万元并不是想得到金钱的直接收益，而是冲着3W咖啡馆所建立的互联网社交圈，结识更多的人脉，进行业务上的合作。

3W咖啡之所以大获全胜，是因为它建立了独有的游戏规则以及名人社交圈的推广。3W咖啡宣称的是顶级的社交圈子，那么对股东的身份也是有一定要求的，不是所有能交6万元的人都可以成为股东，只有是那些在商业圈具有一定影响力和号召力的人才可以参加进来。

3W咖啡的案例告诉我们优秀的投资人、创始人会通过参加各种社交活动扩大自己的交际圈子。下面一起看创始人进行高质量社交的方法，内容如图7-6所示。

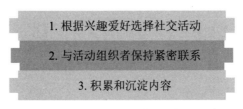

1. 根据兴趣爱好选择社交活动

2. 与活动组织者保持紧密联系

3. 积累和沉淀内容

图7-6 创始人进行高质量社交的方法

第一，根据兴趣爱好选择社交活动。对于创始人来说，社交活动的质量好不好与是不是互联网、有没有技术没有必然关系，而与人有必然关系。创始人应当寻找与自己志同道合的人，有共同兴趣爱好的人，本着这一原则选择参加的社交活动。

第二，与活动组织者保持紧密联系。活动组织者是一个圈子的灵魂，与活动组织者搞好关系就相当于拿下了这个圈子。创始人应当与活动组织者保持紧密联系，比如定期见面交流、节假日打电话问候等。

第三，积累和沉淀内容。社交是相互的，你试图索取就必须有所付出。因此，创始人应当积累和沉淀内容，让自己成为一个内涵丰富的人，吸引周围的人。

7.3.3 有目标清晰的创业计划

目标清晰的创业计划是创始人能够带领团队做出产品的基础。创业团队再优秀，如果没有明确的创业计划，也做不成大事。

一般情况下，风险投资人会通过商业计划书判断创始人是否具有这种品质。本书第三章具体讲述了商业计划书的结构与撰写技巧，其中 3.1.1 小节讲述了描述产品 / 业务；3.1.2 小节讲述了描述商业模式；3.1.3 小节讲述了竞品分析等。

如果你的商业计划书条理清晰，目的明确，能够说服投资人，那么你的创业计划基本上就被投资人认可了。

7.3.4 有领导和决策能力

创始人是创业团队的领头羊，所以必须具备领导和决策能力，否则就无法带领团队走向成功。即使场面混乱不堪，创始人也能比别人更快、更准确地判断问题的所在，并以自己的认识来处理问题。

创新工场创始人李开复在选择项目的时候就极其看重创业者的领导和决策能力。李开复表示他所投资的创始人必须"是一个富有吸引力、有人格魅力的领导者"。因为创业的过程会出现各种挫折，所以创业者应当有领导人的凝聚力，碰到问题能让团队保持信心，感到幸福，保持团队特色。无论创业者的性格怎样，都需要做到让团队死心塌地地跟随。

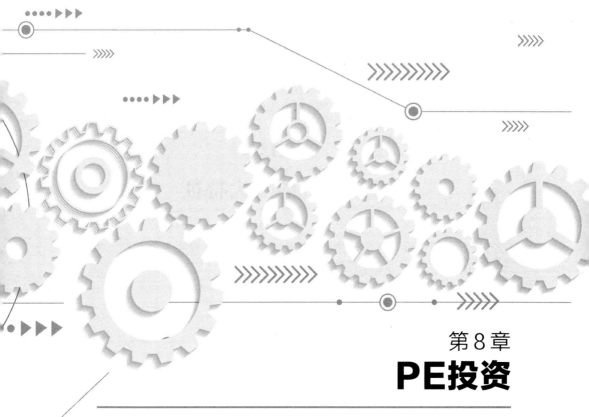

第8章

PE投资

　　PE是指对具有成熟商业模式的未上市企业进行的股权投资。PE和
VC的不同之处就在于，VC投资的是早期成长企业，而PE投资的是后期
成熟企业。本章具体讲述PE投资的特点和主要机构。

PE 投资的三大特征

比起天使投资、风险投资等股权融资方式，PE 投资有典型的三大特征，下面具体来看 PE 投资的这三个特征。

8.1.1　资金筹集具有私募性与广泛性

资金筹集具有私募性与广泛性是 PE 投资的第一大特征。PE 投资的资金主要是通过非公开方式面向少数机构投资者或个人募集，其销售、赎回都是通过私下与投资人协商进行的。PE 资金来源广泛，富有的个人、风险基金、杠杆并购基金、战略投资人、养老基金和保险公司等都是 PE 资金的组成部分。

下面看 PE 资金的三大募集对象，如图 8-1 所示。

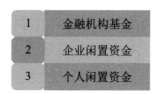

1	金融机构基金
2	企业闲置资金
3	个人闲置资金

图 8-1　PE 资金的三大募集对象

1. 金融机构基金

金融机构基金是各类 PE 基金募集首选的游说对象，包括政府引导基金、各类母基金、社保基金、银行保险等。这些资本本身具有一定的知名度，如果能够获得这些资本支持，PE 基金可以据此吸引大批资本跟进加盟。

2. 企业闲置资金

上市公司、国企、民企等企业考虑到自身精力以及其他因素不会直接将闲置资金用于炒股，而是选择投资 PE 基金。因此，企业闲置资金是 PE 资金的重要来源。

3. 个人闲置资金

国内一些 PE 基金专门针对自然人推出了一些基金项目，但是投资门槛很高，一般在 1 000 万元以上，拥有一定财富积累的个人可以参与投资。

8.1.2 投资对象是有发展潜力的非上市企业

PE 投资的第二大特征是投资对象是有发展潜力的非上市企业。PE 投资的主要目标是具有发展潜力的非上市企业，并且将能够通过上市带来高额投资回报视为选择项目的标准。

2014 年 3 月 4 日，微众传媒宣布获得数千万美元 B 轮融资，由鼎晖领投，启赋基金等 4 家投资机构跟投。

微众传媒 CEO 王震称，此轮融资资金主要用于发展业务。此外，公司考虑在 2016 年时准备上市，可能会优先选择 A 股创业板。

主导此次投资的鼎晖创投合伙人晏小平表示非常看好微众传媒的团队、技术和商业模式。另外，晏小平还表示微众传媒的上市规划在 2015 年和 2016 年，将上市看作水到渠成的事情。

8.1.3 融合权益性的资金和管理支持

融合权益性的资金和管理支持是 PE 投资的第三个特征。由于 PE 投资的目的是通过上市获得超额投资回报，所以 PE 投资不仅会给企业带来资金，还

会为管理层提供管理支持。

以鼎晖投资为例，对于投资微众传媒，晏小平表示："投资完成后，会对微众传媒在战略梳理、团队建设和资本规划、客户推荐等方面给予帮助。"

一般情况下，PE 投资会采用权益投资方式，对被投资企业的决策管理享有一定的表决权。在投资工具上，PE 投资一般会采用普通股或者可转让优先股以及可转债的形式。

PE 投资人对被投资企业的管理支持表现在 5 个方面，内容如图 8-2 所示。

图 8-2　PE 投资人对被投资企业的管理支持

一些著名的 PE 投资机构有着丰富的行业经验和资源，可以为企业提供有效的人才、融资、上市、策略等方面的咨询和支持，比如我国 PE 业顶级投资机构鼎晖投资、九鼎投资、复兴资本等。

8.2

PE 机构三大分类

根据机构背景，PE 机构主要分为三类，分别为国内外专业私募股权基金、大型企业或上市公司、券商系等，下面进行详细介绍。

8.2.1　国内外专业私募股权基金：大型集团下属

国内外专业私募股权基金是我国最专业的 PE 投资机构，具体分为三类，如图 8-3 所示。

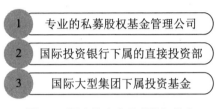

图 8-3　国内外专业私募股权基金

第一类是专业的私募股权基金管理公司，如鼎晖投资、新天域资本、弘毅投资、软银赛富等；第二类是国际投资银行下属的直接投资部，比如高盛直接投资部等；第三类是国际大型集团下属投资基金，比如英特尔旗下两支"中国技术基金"、IBM 旗下的"中国投资基金"等。

海外 PE 投资特点非常明显：第一是明确的投资取向和投资哲学，对所投资的行业、阶段、投资规模等都有明确界定；第二是从投入、增值到退出有完整计划，并且有相当丰富的经验和资源；第三是逐利第一，海外 PE 投资奉行利益至上原则，比如摩根士丹利将南孚电池卖给竞争对手吉利。

对创业者来说，国内外专业私募股权基金是理想的 PE 投资人。

8.2.2　大型企业或上市公司：设立下属创投公司

大型企业或上市公司通过设立下属创投公司从事 PE 业务的主要目的有三个，内容如图 8-4 所示。

1	为集团公司兼并收购相关企业
2	进行多元化投资
3	让集团的闲置资金产生收益

图 8-4　大型企业或上市公司做 PE 的目的

这类 PE 机构有三个典型特点：第一，大型企业或上市公司所进行的 PE 投资必须符合整个集团的战略发展方向，投资的范围狭小。第二，他们进行 PE 投资的资金仅限于集团的部分闲置资金，每年所分配的投资额度用完之后，停止投资。第三，很少有机构形成通畅的退出渠道。由于此类机构不具备 PE 投资的专业知识和行业经验，很难形成通畅的退出渠道。

对创业者来说，大型企业或上市公司的 PE 投资并不理想，因为他们对公司提供的增值服务非常有限。

8.2.3 券商系：成立直投管理部

中信证券、中金公司等是首批获得券商直投资格的企业，它们都通过设立全资子公司的模式开展直投业务。

按照中国证监会的要求，当前券商直投只能用自有资金开展，投资对象为具有发展潜力的未上市企业，且投资期限不能超过三年。还有一些券商通过"曲线"直投的策略参与 PE 投资，主要有三种方式，内容如图 8-5 所示。

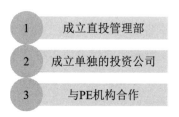

图 8-5 "曲线"直投参与 PE 投资的三种方式

成立直投管理部是指券商在内部成立相关机构，以专项理财计划的形式募集资金；券商还可以成立单独的投资公司或者投资基金管理公司，或者通过关联的投资公司或投资基金管理公司进行直投；券商还可以与当前的专业 PE 投资机构合作，以基金管理者身份或投资顾问方式参与投资。

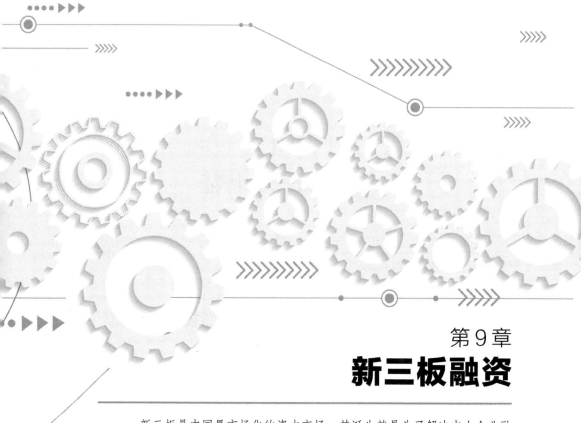

第9章

新三板融资

新三板是中国最市场化的资本市场，其诞生就是为了解决中小企业融资难的问题。本章具体讲述新三板融资的特征、交易机制以及融资途径。

9.1
新三板三大特征

企业登陆新三板有三个特征，一是挂牌门槛低；二是效率高；三是费用低。下面分别做简单介绍。

9.1.1 挂牌门槛低：财务、股东、高新技术无限制

先看新三板的挂牌门槛。与创业板、中小板、主板上市对企业利润、股东等的硬性规定不同，挂牌新三板对财务、股东与高新技术没有限制。创业者只要规范企业的经营管理和治理，做好信息公开披露，就可以挂牌新三板，成为非上市公众公司。挂牌新三板后，企业股票可通过全国中小企业股份转让系统交易流通。挂牌新三板对企业有 4 个要求，内容如表 9-1 所示。

表 9-1 挂牌新三板对企业的要求

项 目	条 件
公司主体	依法设立且存续满两年
业务	业务明确，具有持续经营能力
治理机制	公司治理机制健全，合法规范经营
股权	股权明晰，股票发行和转让行为合法合规

挂牌门槛低是新三板的第一个特征，下面我们看新三板的第二个特征——效率高。

9.1.2 效率高：申报到挂牌不超过6个月

新三板的挂牌速度很快，一般 6 个月内就可以完成。新三板挂牌操作流程主要分为以下 5 个步骤，内容如图 9-1 所示。

1	股份制改造
2	主办券商尽职调查
3	证券企业内核
4	监管机构审核
5	股份登记和托管

图 9-1 新三板挂牌操作流程

第一，股份制改造。登陆新三板市场的企业必须是非上市的股份有限公司。根据《证券公司代办股份转让系统中关村科技园区非上市股份有限公司股份报价转让试点办法（暂行）》的要求，拟挂牌企业应以股改基准日经审计的净资产值整体折股，即由有限企业整体变更为股份企业。

第二，主办券商尽职调查。尽职调查是指主办券商通过实地考察等方法，对拟挂牌企业进行调查，确保拟挂牌企业符合挂牌条件，而且推荐挂牌备案文件要真实、准确、完整。

第三，证券企业内核。证券企业内核是新三板挂牌的重要环节。主办券商内核委员会议审议拟挂牌企业的《股份报价转让说明书》及《尽职调查报告》等相关备案文件出具审核意见，并审核券商的尽职调查是否符合规定。如果发现拟挂牌企业存在需要整改的问题，则提出解决思路；如果没有发现问题，同意推荐目标企业挂牌，则需要向中国证券业协会出具《推荐报告》。

第四，监管机构审核。监管机构审核是新三板挂牌能否成功的决定性阶段。通过内核后，主办券商会将备案文件上报至中国证券业协会。协会决定受理的，则下发受理通知书，并在受理之日起五十个工作日内对备案文件进行审查。在审查过程中，如果协会有异议，可以向主办券商提出书面或口头的反馈意见，由主办券商答复。如果没有异议的，则向主办券商出具备案确认函。

如果协会要求主办券商补充或修改备案文件，那么受理文件时间自协会收到主办券商的补充或修改意见的下一个工作日起重新计算。协会对备案文件经多次反馈仍有异议，决定不予备案的，需要向主办券商出具书面通知并说明原因。

第五，股份登记和托管。根据《证券公司代办股份转让系统中关村科技园区非上市股份有限公司股份报价转让试点办法（暂行）》的要求，投资人持有的拟挂牌企业股份应当托管在主办券商处。初始登记的股份，托管在推荐主办券商处。推荐主办券商取得协会备案确认函后，辅助拟挂牌企业在挂牌前与中国证券登记结算有限责任企业签订证券登记服务协议，办理全部股份的集中登记。

一般情况下，拟挂牌企业需进行股改的，需要 2 ～ 3 个月；主办券商进场尽职调查及内核需要 1 ～ 2 个月；协会审查（包括反馈时间）需要 2 个月；经协会核准后可以进行股份登记挂牌，全部流程预计需要半年左右的时间。

9.1.3 费用低：200万元左右

新三板挂牌费用主要由推荐挂牌费用、挂牌初费和年费、信息披露督导费用、信息披露费用四类构成。

由于各地高新园区针对新三板挂牌业务制订了财政补贴计划，所以拟挂牌公司可以在政府财政支持范围内解决中介机构费用。至于挂牌初费和年费，拟挂牌公司需要在挂牌时和挂牌期内按照总股本数的大小向全国股份转让系统公司缴纳挂牌初费和年费。关于信息披露督导费用，由于主办券商负责对挂牌公司的信息披露进行监督，所以公司挂牌后每年需要向主办券商缴纳信息披露督导费。另外，挂牌公司每年还需要向全国股份转让系统公司缴纳信息披露费用。

计算下来，新三板的挂牌费用总体在150万～200万元，不包含募资费用。具体的收费标准如表9-2所示。

表 9-2　新三板挂牌公司股票转让服务收费

收费对象	收费项目	收费标准
投资人	转让经手费	按股票转让成交金额的 0.5‰ 双边收取
挂牌公司	挂牌初费	总股本 2 000 万股（含）以下，3 万元； 总股本 2 000 万～5 000 万股（含），5 万元； 总股本 5 000 万～1 亿股（含），8 万元； 总股本 1 亿股以上，10 万元
	挂牌年费	总股本 2 000 万股（含）以下，2 万元 / 年； 总股本 2 000 万～5 000 万股（含），3 万元 / 年； 总股本 5 000 万～1 亿股（含），4 万元 / 年； 总股本 1 亿股以上，5 万元 / 年

相比主板、创业板上市花费的几千万元费用，新三板的挂牌费用是非常低的。

9.2
新三板交易机制

《全国中小企业股份转让系统股票转让细则（试行）》明确提出，全国股转系统的交易机制将实施协议转让、做市商和竞价交易三种转让方式。新三板挂牌公司可以从中任选一种，三种方式互不兼容。但如果企业的需求变化，可以根据规定进行交易机制的更换。

9.2.1　协议转让：场外自由对接，通过报价系统成交

协议转让交易机制就是有投资人想要买你公司的股票，然后报了一个价格，之后你公司的股东看到了投资人的报价，认为比较合理，便联系了该投资人，经双方协商后完成股票转让。或者你公司的一位股东想要卖掉股票，报了个价，有投资人恰好想买，觉得价格也合适，然后双方联系达成交易。

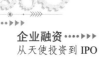

总体来说，协议转让是买卖双方在线下直接洽谈，然后全国股份转让系统实现最终的交易。

对企业来说，协议转让可以更快、更多地吸收投资。如果公司的资金需求量大，定增、做市交易又面临着股东人数超过 200 人约束条件，这时候协议转让方式就发挥了它的优势。而且全国股份转让系统对挂牌公司股票转让不设涨跌幅限制。协议转让的交易方式如表 9-3 所示。

表 9-3 协议转让的交易方式

项 目	具 体 内 容
申报时间	交易主机接受申报的时间为每个转让日的 9：15～11：30、13：00～15：00
申报类型	全国股份转让系统接受主办券商的意向申报、定价申报和成交确认申报 每个转让日的 9：30～11：30、13：00～15：00 为协议转让的成交确认时间；9：15～9：30，全国股份转让系统仅接受申报，但不对申报进行匹配成交
成交模式	点击成交方式：即投资人根据行情系统上的已有定价申报信息，提交成交确认申报，与指定的定价申报成交
	互报成交确认申报：投资人通过其主办券商、全国股份转让系统指定信息披露平台等途径，寻找欲转让的交易对手方，双方协商好交易要素和约定号，然后双方均通过全国股份转让系统提交约定号一致的成交确认申报，全国股份转让系统对符合规定的申报予以确认成交
	自动匹配成交：投资人愿意以一定价格转让一定数量股份，则可以提交定价申报，除了盘中会与成交确认申报成交外，在每个转让日 15：00 收盘时，全国股份转让系统对价格相同、买卖方向相反的定价申报进行自动匹配成交

9.2.2 做市商制度：由券商提供买卖价格，与投资人交易

截至 2016 年 12 月 13 日，新三板市场共有做市企业 1 645 家，其中，仅创新层做市企业就有 638 家，占比 38.7%。

中泰证券新三板分析团队表示，创新层做市企业已经走出了独立于三板做市指数的走势，即使在 2016 年 8 月新三板做市指数快速阴跌状态下，创新

层做市指数也明显稳定。在交易额方面，中泰证券新三板分析团队称："创新层公司名单正式公布后，创新层做市指数交易量相对新三板做市指数交易量已经明显提高，代表资金向创新层公司集聚，分层对于投资者的投资决策具有重要的指导意义。"

什么是做市商制度呢？做市商制度也叫作报价驱动制度，具体流程为：做市商构建做市股票的库存并给出买入和卖出价，投资人根据所报价位给出买单或卖单。也就是说，投资人发出卖出指令时，做市商用自有资金买入，增加库存；投资人发出买入指令时，做市商用库存股票执行卖出。如果出现库存股票不足的情况，做市商需要向其他做市商购买。做市商调整做市股票双向报价的依据是市场情况。

《全国中小企业股份转让系统做市商做市业务管理规定（试行）》第二条规定："所称作市商是指经全国中小企业股份转让系统有限责任公司（以下简称全国股份转让系统公司）同意，在全国中小企业股份转让系统（以下简称全国股份转让系统）发布买卖双向报价，并在其报价数量范围内按其报价履行与投资者成交义务的证券公司或其他机构。"

对新三板挂牌企业来说，选择合适的做市商对企业融资能力有着重要影响。那么，企业如何选择合适的做市商？创业者需要看作市商的三个方面，内容如图 9-2 所示。

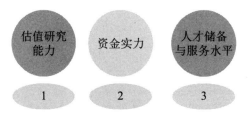

图 9-2　选择做市商需要看的三个方面

不同的做市商对挂牌公司价值的认知能力是不同的。做市商的估值研究能力越高，挂牌公司越是能够最大程度上发挥自我价值。做市商的持仓量越大，对自身资金实力的要求越高。挂牌公司可以按 1：1 的持仓量配置交易资金评判做市商的资金实力是否足够强大。就像用户要求企业，企业也应当用同样

的眼光审视做市商。一般情况下，做市商的人才储备与服务水平可以通过口碑表现出来。

9.2.3 竞价交易：公开竞价，确定证券买卖价格

关于新三板竞价交易制度，新三板英雄会创始人李浩称："集中竞价交易是证券交易所内进行证券买卖的一种交易方式，目前我国上交所、深交所均采用这一交易方式。一般来讲，是指两个以上的买方和两个以上的卖方通过公开竞价形式来确定证券买卖价格的情形。在这种形式下，既有买者之间的竞争，也有卖者之间的竞争，买卖各方都有比较多的人员。集中竞价时，当买者一方中的人员提出的最高价和卖者一方的人员提出的最低价相一致时，证券的交易价格就已确定，其买卖就可成交。"

截至 2016 年年底，竞价交易的技术准备、制度准备正在有序开展，预计在 2017 年上半年择机推出。

业内人士指出，新三板竞价交易系统已经开始自测，之后券商可能参与测试。据悉，竞价交易最初设定的门槛会比较高，股东人数在 50 人以上，股本在 3 000 万元以上的企业很可能率先参与竞价交易。由于竞价交易尚未实行，这里不再多说。

9.3

新三板挂牌企业三大融资途径

新三板挂牌企业可以通过全国中小企业股份转让系统实现股权转让，除此之外，挂牌企业还有另外一些融资途径，包括定向发行股票、发行优先股、发行中小企业私募债融资、股权质押贷款等。下面介绍这 4 种融资方式的具体内容。

9.3.1　定向发行股票

依据《全国中小企业股份转让系统有限责任公司管理暂行办法》《非上市公众公司监督管理办法》等相关法律法规，企业在申请挂牌新三板的同时或者挂牌后可以采用定向发行股票的方式融资。定向增发的股票可以在全国中小企业股票转让系统公开转让，有利于增强挂牌企业的股票流动性。允许挂牌企业定向发行股票融资体现了新三板的融资功能。

《非上市公众公司监督管理办法》第四十四条规定："公司申请定向发行股票，可申请一次核准，分期发行。自中国证监会予以核准之日起，公司应当在 3 个月内首期发行，剩余数量应当在 12 个月内发行完毕。超过核准文件限定的有效期未发行的，需重新经中国证监会核准后方可发行，首期发行数量应当不少于总发行数量的 50%，剩余各期发行的数量由公司自行确定，每期发行后 5 个工作日内将发行情况报中国证监会备案。"

一次核准，分期发行，有利于挂牌公司为一年内的融资留出充足的空间。比如：挂牌公司与投资人确定了 1 000 万元的增资额度时，可以申请 2 000 万元的发行额度。完成 1 000 万元的发行后，后续 1 000 万元的额度是否发行以及发行价格都可以根据企业的后续发展情况再行商议。

9.3.2　发行优先股

国务院颁布《关于开展优先股试点的指导意见》规定："优先股是指依照《公司法》，在一般规定的普通种类股份之外，另行规定的其他种类股份，其股份持有人优先于普通股股东分配公司利润和剩余财产，但参与公司决策管理等权利受到限制。"

新三板挂牌公司发行优先股不仅解决了管理层对公司实际控制权的要求，而且给投资人以有保障的回报。

2016 年 3 月 23 日，新三板挂牌公司中视文化发行优先股完成备案审查，优先股证券简称为"中视优 1"， 证券代码为"820002"。中视文化是自 2015 年 9 月 22 日全国中小企业股份系统发布《全国中小企业股份转让系统优

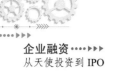
先股业务指引（试行）》及相关业务指南后首家完成优先股发行的挂牌公司。

2014 年 1 月 24 日，中视文化在全国中小企业股份转让系统挂牌转让，主办券商为金元证券，主营业务为广告代理、媒体经营、演艺经纪和影院经营。中视文化此次发行的优先股种类分为 4 种，内容如图 9-3 所示。

图 9-3　中视文化发行优先股种类

2016 年以来，新三板市场参与优先股发行的热情持续高涨。截至 2016 年 10 月底，除了已发行优先股的中视文化和高峰科特，还有 14 家企业先后公布了优先股的发行方案。对于优先股挂牌后的转让工作，全国中小企业股份转让系统正在积极推进，有望为挂牌企业提供一条可行的融资途径。

9.3.3　股权质押贷款

除了定向发行股票、发行优先股等股权融资方式，新三板挂牌企业还可以通过股权质押贷款方式融资。

目前，很多银行都有针对新三板挂牌企业的小额贷专项产品，比如，兴业银行的投联贷就是针对新三板的贷款产品，最高贷款 3 000 万元。

一般情况下，成长阶段的中小企业资产相对较少，难以通过资产抵押从银行拿到贷款。另外，由于股权价值难以评估，且无法预料股权的保值性，所以公司通过股权质押贷款也比较困难。

但是，成长阶段的中小企业挂牌新三板是比较容易的。挂牌新三板后，企业的股权流动性增强，市场对其进行定价和估值，解决了银行股权质押的难题，所以股东便可以将持有的股权质押给银行获得贷款。

对于新三板挂牌企业来说，股权质押贷款是一条很好的融资途径。另外，主办券商的督导、市场自律的监管相当于给银行做股权质押贷款提供了变相担保，所以，新三板挂牌企业可以有效利用这种融资方式。

9.3.4　英雄互娱登陆新三板，股价暴涨120倍

2016 年 4 月 22 日，英雄互娱股价涨到 160 元，短短一个月时间，股价暴涨 120 倍，成为新三板市场上最会赚钱的公司之一。事实上，新三板市场出现过从 1 分钱股价飙升至 10 多元钱的公司，但相比之下，英雄互娱的股价飙涨更吸人眼球。

股价暴涨在 A 股市场更加常见，但是新三板受流动性限制，很少出现一夜暴富的公司。在这样的大环境下，英雄互娱的表现让人震惊。股价飙涨还使得英雄互娱的总市值达到了 222 亿元，排到新三板公司的第 5 位。

公司 CFO 黄胜利表示，"估值这个东西，核心还是业务和对业务的预期。2016 年按照保守的预期利润估计，对应的主板公司应该是 400 亿估值，高还是低呢？"

飙涨的股价一定是好业绩的支撑。根据英雄互娱对外披露的 2015 年年报和 2016 年第一季报，2015 年公司归属挂牌公司股东的净利润为 1 979.54 万元，同比大幅增长了 1 541.8%，而公司扣除非经常性损益后的净利润为 1 761.08 万元，同比增长了 1 635.45%；2016 年第一季报更加惹眼，公司第一季度营收 1.82 亿元，同比增长 3 969.9%，毛利率为 90.31%，而 2015 年毛利率仅为 32.56%，归属于挂牌公司股东净利润为 1.31 亿元，同比增长 142 112.53%。

根据公司年报可知，英雄互娱的盈利之所以如此迅速的增长，是因为公司主营业务的重心转向了移动游戏领域。黄胜利指出："除了传统游戏业务方面外，英雄互娱在移动电竞方面的探索和布局也已经打开了局面。由于游戏行业的旺季为每年第一和第三个季度，淡季为第二和第四个季度，所以预计英雄互娱 2016 年 Q2 净利润约为 1.2 亿元。"

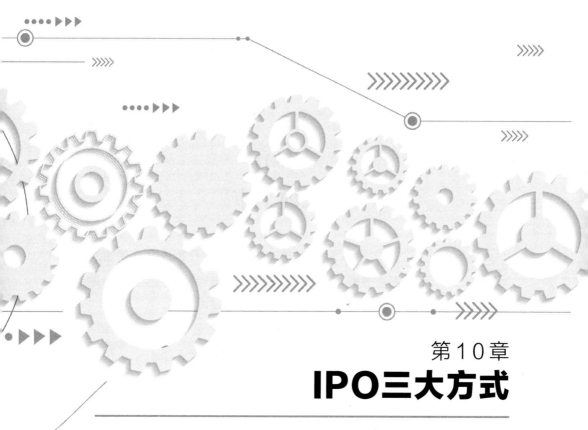

第10章
IPO三大方式

　　中国企业IPO（上市）有三种方式：一是境内上市，即在上海或深圳证券交易所上市；二是直接境外上市，即在香港联交所、纽约证券交易所、纳斯达克证券交易所或新加坡证券交易所等境外证券交易所直接上市；三是通过收购海外上市公司或者在海外设立离岸公司的方式在境外①证券交易所间接上市。

---

　　① 境外是指中华人民共和国领域以外或者领域以内中华人民共和国政府尚未实施行政管辖的地域，如香港、澳门特别行政区以及台湾地区均属于境外。

⑩**10.1**

境内上市

境内上市公司的市盈率大多为 30 ～ 40 倍，发行市盈率长期高于其他市场交易的同行业股票市盈率。可以说，能让上市公司发行同样的股份融到更多的钱，是境内上市的核心优势。下面具体看一下境内上市。

10.1.1　制度改革：审批制—核准制—注册制

在我国，股票公开发行后就可以获得上市资格。股票发行共有三种制度，分别是审批制、核准制和注册制。通道制、保荐制同属于核准制。一个国家的市场发展阶段不同，所对应的股票发行制度也不一样。其中，审批制是完全计划发行的模式，注册制是成熟股票市场采用的模式，而核准制是从审批制向注册制过渡的中间形式。

审批制是股票市场发展初期采用的股票发行制度，主要使用行政和计划的方式分配股票发行的指标和额度，然后由地方或者行业主管部门推荐企业发行股票。审批制对于维护上市公司的稳定和平衡复杂社会经济关系有重要意义。

在审批制下，企业发行股票的首要条件是取得指标和额度。只要获得了地方或者行业主管部门的推荐的指标和额度，股票发行就没有什么问题了，其余仅仅是走一个流程。所以，审批制下股票发行指标和额度是竞争焦点。

审批制的劣势非常明显，由于证券监管部门凭借行政权力行使实质性审批职能，证券中介机构进行技术指导，这样很容易出现发行公司为了发行股票进行虚假包装甚至伪装、做账等违规操作。

注册制是股票市场相对成熟时采用的股票发行制度。在注册制下，证券监管部门首先将股票发行的必要条件公布出来。如果企业满足了所公布的条件，就可以申请发行股票。发行人申请发行股票时，需要依法将公开的各种资料完全准确地向证券监管机构申报。证券监管机构承担监管职责，对申报文件的完整性、准确性、真实性和及时性做合规审查。至于发行公司的质量，需要由证券中介机构来判断和决定。注册制对发行公司、证券中介机构和投资人的要求都比较高。

核准制是审批制向注册制过渡的一种中间形式。核准制取消了审批制的指标和额度管理，引进了证券中介机构的责任，让证券中介结构判断企业是否达到发行股票的条件；另外，证券监管机构还需要对发行公司的营业性质、财力、素质、发展前景、发行数量和发行价格等条件进行实质性审查，有权否决发行公司发行股票的申请。下面总结了审批制、核准制、注册制的区别，如表 10-1 所示。

表 10-1　审批制、核准制与注册制的区别

对比项目	审批制	核准制	注册制
指标和额度	有	无	无
上市标准	有	有	有
保荐人	政府或行业主管部门	中介机构	中介机构
对发行做出实质判断的主体	中国证监会	中介机构和中国证监会	中介机构
发行监管制度	中国证监会实质性审核	中介机构和中国证监会分担实质性审核职责	中国证监会形式审核，中介机构实质审核
市场化程度	行政体制	半市场化	完全市场化
发行效率	低	一般	高

在英国、法国以及中国内地、中国香港、东南亚等国家和地区，股票发行制度采用的是核准制或者带有核准制特征，且监管机构的审批起决定性作用的发审制度。在美国、日本等发达国家，股票发行制度采用的是注册制，企业只要符合股票发行上市的条件并依法充分披露信息，就能成功上市，监管机构

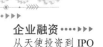

仅仅发挥监督作用。

在 20 多年的发展过程中，我国股票市场的股票发行制度经历了从审批制到核准制的不同发展阶段。从 2001 年开始，我国股票发行制度由审批制改为核准制。

随着我国股票市场的发展，核准制的弊端逐渐凸显，推进股票发行注册制改革迫在眉睫。由于核准制依靠行政审批，造成了排队时间长、审批效率低下以及人为抬高 IPO 门槛等问题。一系列问题的出现将很多优质企业排斥在股票市场大门外。更严重的是，很多企业仅仅排队就需要等待三五年，一旦遇到中国证监会暂停 IPO 的情况，企业也就被折腾得只剩下了半条命。在这种情况下，很多企业被迫放弃了 IPO 的想法。

推行注册制的好处非常多。第一，注册制对市场自我约束机制的培育和形成有促进作用；第二，注册制有利于发挥市场配置资源的决定性作用；第三，注册制有利于提高资本市场服务实体经济的效率；第四，注册制有利于协调投融资功能平衡，促进资本市场长期稳定健康发展。从 2013 年开始，我国已经陆续展开从核准制向注册制改革的进程，内容如表 10-2 所示。

表 10-2　我国注册制改革历程

时　　间	改 革 历 程
2013 年 11 月 15 日	《中共中央关于全面深化改革若干重大问题的决定》提出，推进股票发行注册制改革
2013 年 11 月 30 日	中国证监会发布《进一步推进新股发行体制改革的意见》，这是逐步推进股票发行从核准制向注册制过渡的重要步骤
2014 年 3 月 5 日	政府工作报告提出，推进股票发行注册制改革
2014 年 4 月 10 日	中国证监会前主席肖钢在博鳌亚洲论坛表示，IPO 注册制改革草案在 2014 年年底出台
2014 年 5 月 9 日	"新国九条"文件提出积极稳妥推进股票发行注册制改革
2014 年 6 月 27 日	中国证监会新闻发言人张晓军表示，中国证监会真正研究注册制相关方案，计划于 2014 年年底之前推出
2014 年 7 月 30 日	沪深证券交易所相关负责人表示，注册制推行后短期内依然避免不了 IPO 排队问题
2014 年 11 月 19 日	国务院常务会议强调，抓紧出台股票发行注册制改革方案
2014 年 11 月 28 日	中国证监会新闻发言人张晓军表示，目前，中国证监会已牵头完成注册制改革方案初稿，拟于 2014 年 11 月底上报国务院

续表

时　　　间	改 革 历 程
2015 年 1 月 16 日	中国证监会前主席肖钢表示，推进股票发行注册制改革是 2015 年资本市场改革的头等大事
2015 年 2 月 13 日	中国证监会新闻发言人邓舸表示，已完成注册制改革方案初稿并上报国务院
2015 年 3 月 2 日	上交所理事长桂敏杰表示，注册制有望 2015 年落地
2015 年 3 月 5 日	国务院总理李克强在政府工作报告中表示，实施股票发行注册制改革
2015 年 3 月 5 日	中国证监会前主席肖钢表示，目前，我国市场实施注册制的基本条件已经比较成熟了
2015 年 5 月 29 日	央行在中国金额稳定报告指出，积极稳妥推进股票发行注册制改革
2015 年 6 月 26 日	中国证监会主席助理黄炜表示，注册制应由证券交易所负责对发行申请依法进行审核，提出审核意见，中国证监会给予注册，以交易所同意注册的意见为前提
2015 年 7 月 31 日	中国证监会新闻发言人张晓军表示，推进股票发行注册制改革是资本市场的重大改革举措
2015 年 9 月 24 日	全国人大财经委副主任委员吴晓灵表示，《证券法》（修订草案）的二审最快也要 2015 年年底。业内人士认为，注册制将延后
2015 年 11 月 6 日	中国证监会有关部门负责人表示，推进股票发行注册制改革的各项准备工作正在有序推进
2015 年 11 月 20 日	媒体报道，证券法修订推迟，国务院可能采取法律授权方式出台意见解决，2016 年 3 月注册制要有结果
2015 年 11 月 27 日	中国证监会新闻发言人张晓军表示，中国证监会和证券交易所正在组织研究与注册制相关的配套规章和规则
2015 年 12 月 9 日	国务院常务会议通过提请全国人大常委会授权国务院，在实施股票发行注册制改革中调整试用有关规定的草案。同时，中国证监会表态，将积极稳妥推进注册制改革

　　随着我国股票市场的完善成熟以及股票发行制度改革的进一步深化，注册制将取代核准制。注册制真正落实之后，我国股票市场将会迎来新的面貌。

10.1.2　交易币种：A股和B股

　　A股的正式名称为"人民币普通股"，是指中国境内企业发行的供境内机构、个人以及境内居住的港澳台居民以人民币认购和交易的普通股股票。简单来说，

上海证券交易所和深圳证券交易所发行用人民币进行买卖的股票市场统称为 A
股市场。

与 A 股相对而言，B 股是指人民币特种股票，又称"境内上市外资股"。
它由中国境内公司发行，以人民币标明面值，以外币（在上海证券交易所以美
元，在深圳证券交易所以港币）认购和买卖。B 股主要供中国港澳台地区及外
国的自然人、法人和其他组织，定居在国外的中国公民等投资人买卖。下面对
比 A 股和 B 股，如表 10-3 所示。

表 10-3　A 股和 B 股的区别

	名称	定　义	交易币种	记账方式	交割制度	涨跌幅限制	参与投资者
A 股	人民币普通股票	指那些在中国内地注册、在中国内地上市的普通股票	以人民币认购和交易	A 股不是实物股票，以无纸化电子记账	实行"T+1"交割制度	±10%	中国境内公司发行的供境内机构、个人以及境内居住的港澳台居民
B 股	人民币特种股票	指那些在中国内地注册、在中国内地上市的特种股票	以人民币标明面值，只能以外币认购和交易	B 股不是实物股票，以无纸化电子记账	实行"T+3"交割制度	±10%	中国港澳台地区以及外国的自然人、法人和其他组织，定居在国外的中国公民

我们首先介绍一下我国 A 股市场的基本情况。我国 A 股市场诞生于 1990
年年底，从上市公司数量以及总市值来说都远远超过 B 股，是中国股票市场
当之无愧的代表。

我国 A 股股票在诞生之初只有 10 只股票，从 1990 年到 1997 年短短 7 年
的时间 A 股股票上涨到 720 只，A 股总股本为 1 646 亿股，总市值为 17 529 亿元，
与中国国内生产总值（GDP）的比率为 22.7%。1997 年 A 股股票年交易额为
30 295 亿元。

截至 2014 年年末，我国 A 股股票为 2 592 只，A 股总市值首次突破 35
万亿元，达到 37.11 万亿元，与 GDP 的比率为 58.3%。A 股市场的市值规模不
断发展壮大，先后突破 30 万亿元、35 万亿元大关，意味着我国 A 股市场登上
了一个全新的规模台阶，并成功击败日本成为仅次于美国的全球第二大证券市

场。2015 年全年，我国 A 股市场爆发，交易规模巨大，达到全球股票交易总额的三分之一以上。截至 2016 年年底，我国 A 股股票将近 3 000 只。

不过，申请国内 A 股上市要求严格，门槛高，而且周期相对较长。但是中国境内企业的创始人纷纷将 A 股上市作为长期目标，原因有四个：第一，市盈率高；第二，融资能力强；第三，发行成本较低；第四，本土市场国内知名度高。

介绍完 A 股，下面再来看 B 股。中国 B 股市场设立于 1992 年。设立 B 股市场的目的是吸引外籍投资者，加强中国股市的融资功能。随着 B 股市场的确立，我国外汇短缺的问题得到了很好的解决。然而，现在的中国，外汇储备超过 3 万亿美元，B 股市场几乎失去了存在的意义。随着 B 股市场的发展，各种问题逐渐显现出来，比如融资困难、交易冷清、估值低等。在这种情况下，B 转 A 成为一种趋势。

接下来再认识一下什么是 B 转 A。近年来，B 股市场改革加速，很多 B 股公司选择回购 B 股，转成 A 股或 H 股。由于香港 H 股市场估值低于 A 股市场，B 股转向 A 股也就成为大多数 B 股公司的选择。比如，2013 年浙能控股吸收合并东南电力并在 A 股上市，2015 年新城控股 B 转 A 正式上市等。

B 转 A 最大的难题在于 B 股面对的境外投资人无法直接买卖 A 股，另外，流通困难、货币结算和价格差异以及交易规则的不同都有待解决。考虑到公司的经营状况，B 股要转成 A 股也是需要拿出诚意和资金的。

那么，企业如何解决 B 转 A 的难题呢？市场上较为成熟的做法是公司控股股东向之前的 B 股公司中除自身以外的全体股东发行 A 股股票，并通过换股方式吸收合并 B 股公司。完成这些工作后，前 B 股公司的 A 股股票就可以在深圳证券交易所或者上海证券交易所上市了。

随着 B 股市场的衰弱，通过 B 股上市退出的可能性也越来越低。但如果你的公司已经在 B 股市场上市，可以考虑通过 B 转 A 进入 A 股市场，为投资人提供更多的退出可能性。

10.1.3　两大证券交易所：上海和深圳

我国有两大证券交易所，分别是上海证券交易所和深圳证券交易所。上

海证券交易所成立于 1990 年 11 月 26 日，注册人民币 1 000 万元，是我国最大的证券交易中心。深圳证券交易所筹建于 1989 年，于 1991 年 7 月正式营业，是我国第二家证券交易所。

两大证券交易所成立以来，不断改进股票市场的交易运作，逐步实现了电脑化、网络化及股票的无纸化操作。当前，两大证券交易所的主要证券品种有股票、国债、企业债券、权证、基金等。

两大证券交易所的组成方式为会员制，是非营利性的事业单位。其业务范围包括五项，分别为组织并管理上市证券，提供证券集中交易的场所，办理上市证券的清算与交割，提供上市证券市场信息，办理中国人民银行许可或委托的其他业务等。两大证券交易所的业务范围如图 10-1 所示。

1	组织并管理上市证券
2	提供证券集中交易的场所
3	办理上市证券的清算与交割
4	提供上市证券市场信息
5	办理中国人民银行许可或委托的其他业务

图 10-1　两大证券交易所的业务范围

"完善证券交易制度，加强证券市场权利，促进中国证券市场的发展与繁荣，维护国家、企业和社会公众的合法权益"，是两大交易所的业务宗旨。

中国股市已经有 20 多年的历史。随着市场的迅速发展，尤其是 2000 年以后，两大交易所的竞争逐步激烈化。

公开资料显示，截至 2016 年 11 月 24 日，深圳主板上市公司总数为 478 家，总市值为 77 027.37 亿元，流通市值为 62 168.27 亿元，平均市盈率为 27.49 倍，成交金额为 1 223.95 亿元；深圳中小板上市公司总数为 809 家，总市值为 103 018.12 亿元，流通市值为 66 839.61 亿元，平均市盈率为 53.37 倍，成交金额为 1 520.34 亿元；深圳创业板上市公司总数为 557 家，总市值为 56 653.04 亿元，流通市值为 32 758.34 亿元，平均市盈率为 80.54 倍，成交金额为 954.74 亿元。

与此同时，上海主板上市公司总数为 1 158 家，总市值为 294 278.68 亿元，流通市值为 246 035.09 亿元，平均市盈率为 16.52 倍。

深圳证券交易所于 2004 年推出中小板，2009 年推出创业板。两个板块的增加打破了两大证券交易所"同质"的竞争阶段。之前，上市资源完全在两家交易所之间进行分配，一般来说，上海证券交易所上市一家 A 股公司，深圳证券交易所也要上市一家。上海证券交易所挂牌几家基金，深交所也要挂牌几家基金。但是在 2004 年和 2009 年深圳证券交易所推出中小板和创业板之后，其拥有了不同于上海证券交易所的市场定位和核心竞争力。

随着创业板市场的迅猛崛起，其目前的总市值已经突破 5.5 万亿元大关。在多次的创业板改革中，创业板市场的准入门槛持续降低，取消了营业收入或者净利润持续增长的硬性要求，并允许收入在一定规模以上的公司只需要有一年的盈利记录即可上市。

除此以外，在 2014 年 8 月 1 日，中国证监会新闻发布会公布十条措施："要完善创业板制度，在创业板建立单独层次，支持尚未盈利的互联网和高新技术企业在新三板挂牌一年后到创业板上市。"政策利好为更多企业进入创业板市场创造了友好环境。从本质上看，随着创业板市场的进一步壮大，深圳证券交易所的竞争优势也将会更加突出。

2014 年 3 月 27 日，中国证监会表示："首发企业可以根据自身意愿，在沪深市场之间自主选择上市地，不与企业公开发行股数多少挂钩。"2014 年 4 月 4 日，中国证监会表示："从统筹平衡两个交易所服务功能出发，中国证监会将按照均衡安排沪深交易所首发家数的原则，对具备条件的拟上市公司按照受理顺序进行审核。"

上海创瑞投资管理公司管理合伙人唐浩夫对此发表自己的意见称："首发企业选择上市地不再与发行股份数挂钩，等于模糊了两个交易所的定位。中国证监会的此次表态，肯定会在微观上造成两家交易所之间市场化的竞争，一些企业可能会因为关系以及哪家交易所会带来更多的募集资金而重新选择上市地。"

武汉科技大学证券研究所所长董登新表示："按道理，上交所应该去对接中小板、创业板的成熟企业，成为中小板和创业板的转板市场。深交所中小板和创业板达到一定规模的成熟企业，可以转板到上交所，从而拓展上交所的

挂牌资源。这样可以实现两个交易所的差异发展。但是从现在来看，去深交所上市的企业规模并不小，好多都是比较成熟的企业，对于深交所来讲，降低企业上市的规模门槛，也有利于其竞争。而深交所和上交所通过竞争，达到再次协同的状态。"

对于中国证监会的此项政策，市场解读为中国证监会在审核时，均衡安排沪深交易所拟上市公司的数量。也就是说，拟在深上市企业被安排上会审核的家数与拟在沪上市企业被安排上会审核的家数比例为 1∶1。

而此前，拟上市公司都是按照主板、中小板和创业板板块均衡原则进行审核的。通常来说，发行股本 5 000 万～ 8 000 万的会选择去深交所上市，而 8 000 万以上的则会选择去上交所上市。这就意味着拟在沪上市企业被安排上会审核数量有 1 家，拟在深上市企业被安排上会审核数量就有 3 家。

如今，中国证监会的该项政策打破了此前两大证券交易所的划分规则，使得竞争进入白热化状态。

于是，沪港通（沪港股票市场交易互联互通机制的简称，指上海证券交易所和香港联合交易所有限公司建立技术连接，使内地和香港投资人可以通过当地证券公司或经纪商买卖规定范围内的对方交易所上市的股票）成为上海证券交易所有力的回击武器。

2014 年 11 月 17 日，上海证券交易所正式实行沪港通。沪港通的实行强化了两地市场"互联互通"体系，加速了两地市场资金的双向流动。然而，上海证券交易所可以有沪港通，深圳证券交易所也会有深港通（深港股票市场交易互联互通机制的简称，指深圳证券交易所和香港联合交易所有限公司建立技术连接，使内地和香港投资人可以通过当地证券公司或经纪商买卖规定范围内的对方交易所上市的股票）。2016 年 11 月 5 日，深港通开始进行全网测试，技术系统于 11 月 11 日正式上线。2016 年 12 月 5 日，深港通正式开通。

另外，为了与深圳证券交易所抢占上市公司资源，上海证券交易所开始计划推出战略新兴产业板。早在前几年的时间里，战略新兴产业板的话题就非常火爆，受到市场关注。

战略新兴产业板与主板不同，主要服务于互联网、节能环保、生物以及新能源等行业，其发行条件以及交易机制等都将区别于主板。更多人会认为战略新兴产业板与创业板类似，但事实上两者定位、战略各不相同。与创业板相比，战略新兴产业板企业规模稍大，且已越过成长期，属于相对成熟的战略新兴产业型的企业。

未来，随着更多市场的引进，会对 A 股市场构成一定的影响。另外，上海证券交易所与深圳证券交易所拉开资源争夺战有利于提升两大交易所的竞争意识，促使两地市场的进一步完善，进而增强 A 股市场的国际影响力，为未来 A 股市场走上国际舞台奠定了坚实的基础。但就目前来说，A 股市场的发展之路依然漫长。

10.2
直接境外上市

直接境外上市是指中国企业以境内股份有限公司的名义向境外证券主管部门申请登记注册、发行股票，并向当地证券交易所申请挂牌上市交易。我们通常所说的 H 股、N 股、S 股分别指中国企业在香港联合交易所发行股票并上市、中国企业在纽约交易所发行股票并上市以及中国企业在新加坡交易所发行股票并上市。

10.2.1　H股：注册在内地，上市在中国香港

H 股也叫作"国企股"，是指那些注册在内地、上市在香港地区的外资股。由于香港一词的英文为"Hong Kong"，首字母为"H"，所以得名 H 股。H 股为实物股票，采用"T+0"交割制度，涨跌幅无限制。

在中国内地，个人投资者不能直接投资 H 股，只有机构投资者才能够投资 H 股。在天津，各大证券公司开办了"港股直通车"业务，个人投资者可以通过此业务直接投资于 H 股。但是，国务院还没有开放此项业务，个人直

接投资于 H 股还需等待一段时间。

作为境外上市的去处之一，香港地区距离内地最近，很多企业将香港地区作为寻求境外上市的首选。香港地区的投资者对中国内地企业有着非常高的认知度，而且香港地区拥有全球最活跃的二级市场炒家，市场流动性非常好，两方面的原因使得优质的中国企业在香港市场拥有令人满意的流动性。

通常情况下，到香港地区上市，从申请到发行需要 7 个月左右。在香港地区上市费用为主板 15 万～ 65 万港币（13 万～ 58 万元人民币），创业板 10万～ 20 万港币（9 万～ 18 万元人民币），加上保荐人、包销商佣金和相关费用总体约为 100 万港币（90 万元人民币）。根据香港联合证券交易所有关规定，内地企业在中国香港发行股票并上市应满足以下条件，如表 10-4 所示。

表 10-4　内地企业在中国香港发行股票并上市应满足的条件

项目	香港主板上市	香港创业板上市
财务要求	主板新申请人须具备不少于 3 个财政年度的营业记录，并须符合下列三项财务准则其中一项：1. 盈利测试：股东应占盈利：过去三个财政年度至少 5 000 万港元（最近一年至少盈利 2 000 万港元，及前两年累计至少盈利 3 000 万港元）；市值：上市时至少达 2 亿港元。2. 市值/收入测试：市值：上市时至少达 40 亿港元；收入：最近一个经审计财政年度至少 5 亿港元。3. 市值/收入测试/现金流量测试：市值：上市时至少达 20 亿港元；收入：最近一个经审计财政年度至少 5 亿港元；现金流量：前 3 个财政年度来自营运业务的现金流入合计至少 1 亿港元	创业板申请人须具备不少于两个财政年度的营业记录，包括：1. 日常经营业务有现金流入，于上市文件刊发之前两个财政年度合计至少达 2 000 万港元；2. 上市时市值至少达 1 亿港元
会计准则	新申请人的账目必须按《香港财务汇报准则》或《国际财务汇报准则》编制。经营银行业务的公司必须同时遵守香港金融管理局发出的《本地注册认可机构披露财务资料》	同主板
是否适合上市	必须是联交所认为适合上市的发行人及业务。如发行人或其集团（投资公司除外）全部或大部分的资产为现金或短期证券，则其一般不会被视为适合上市，除非其所从事或主要从事的业务是证券经纪业务	同主板

续表

项目	香港主板上市	香港创业板上市
营业纪录及管理层	新申请人须在大致相若的拥有权及管理层管理下具备至少 3 个财政年度的营业记录，即在至少前 3 个财政年度管理层大致维持不变；在至少最近一个经审计财政年度拥有权和控制权大致维持不变。豁免：在市值／收入测试下，如新申请人能证明下述情况，联交所可接纳新申请人在管理层大致相若的条件下具备为期较短的营业记录：董事及管理层在新申请人所属业务及行业中拥有足够（至少 3 年）及令人满意的经验；在最近一个经审计财政年度管理层大致维持不变	新申请人必须具备不少于两个财政年度的营业记录；管理层在最近两个财政年度维持不变；最近一个完整的财政年度内拥有权和控制权维持不变。豁免：在下列情况下，联交所可接纳为期较短的营业记录，或修订或豁免营业记录。但是拥有权及控制权要求维持不变。豁免范围包括开采天然资源的公司或新成立的工程项目公司
最低市值	新申请人上市时证券预期市值至少为 2 亿港元	新申请人上市时证券预期市值至少为 1 亿港元
公众持股的市值和持股量	新申请人预期证券上市时由公众人士持有的股份的市值须至少为 5 000 万港元；无论任何时候公众人士持有的股份须占发行人已发行股本至少 25%。若发行人拥有一类或以上的证券，其上市时由公众人士持有的证券总数必须占发行人已发行股本总额至少 25%；但正在申请上市的证券类别占发行人已发行股本总额的百分比不得少于 15%，上市时的预期市值也不得少于 5 000 万港元。如发行人预期上市时市值超过 100 亿港元，则联交所可酌情接纳一个介乎 15% ～ 25% 的较低百分比	新申请人预期证券上市时由公众人士持有的股份的市值须至少为 3 000 万港元；无论任何时候公众人士持有的股份须占发行人已发行股本至少 25%。若发行人拥有一类或以上的证券，其上市时由公众人士持有的证券总数必须占发行人已发行股本总额至少 25%；但正在申请上市的证券类别占发行人已发行股本总额的百分比不得少于 15%，上市时的预期市值也不得少于 3 000 万港元。如发行人预期上市时市值超过 100 亿港元，则联交所可酌情接纳一个介乎 15% ～ 25% 的较低百分比
股东分布	持有有关证券的公众股东须至少为 300 人；持股量最高的 3 名公众股东实益持有的股数不得占证券上市时公众持股量逾 50%	持有有关证券的公众股东须至少为 100 人；持股量最高的 3 名公众股东实益持有的股数不得占证券上市时公众持股量逾 50%
主要股东的售股限制	上市后 6 个月内不得售股，其后 6 个月内仍要维持控股权	管理层股东必须接受为期 12 个月的售股限制期，在这一期间，各持股人的股份将由托管代理商代为托管。高持股量股东则有半年的售股限制期

续表

项目	香港主板上市	香港创业板上市
竞争业务	公司的控股股东(持有公司股份35%或以上者)不能拥有可能与上市公司构成竞争的业务	只要于上市时并持续地做出全面披露,董事、控股股东、主要股东及管理层股东均可进行与申请人有竞争的业务(主要股东则不需要做持续全面披露)
信息披露	一年两度的财务报告	按季披露,中期报和年报中必须列示实际经营业绩与经营目标的比较
包销安排	公开发售以供认购,必须全面包销	无硬性包销规定,但如发行人要筹集新资金,新股只可以在招股章程所列的最低认购额达到时方可上市

2015 年 6 月 29 日,联想控股在香港证券交易所主板挂牌上市,股票代号为"03396"。根据联想控股面向全球发行 3.529 44 亿 H 股股份和 42.98 港元发行价计算,联想控股通过香港上市融资 151.7 亿港元。

在 A 股大热的当下,联想控股为什么选择在香港上市呢?联想控股董事长兼执行董事、联想集团创始人柳传志这样说:

"联想今天如果在 A 股上市的话,我相信市盈率会高得多,因为国内朋友们可能会更加了解联想,知道联想的品牌,股价会高。但是我们为什么要选择在香港上市?因为我们觉得在香港股市上更加规范、更加透明,使我们工作、我们业绩会和股价有密切联系,而不会由于其他的因素使得我们的业绩和股价脱钩。这说明我们对我们未来的发展是充满信心的。现在国内的投资人跟香港是相通的,人民币和港币相通,同时深港通、沪港通等,都能够让大家了解我们的投资人在香港进行投资。"

柳传志所说的在香港上市的优点并不是全部,下面我们总结了国内企业以香港为上市地的一些优点。

第一,香港具有国际金融中心地位。香港是国际公认的金融中心,业界精英云集,已有众多中国内地企业及跨国公司在交易所上市集资。

第二,有助于企业建立国际化运营平台。香港基础设施一流,政府廉洁高效，税率相对较低，还没有外汇管制，资金流出流入不受限制。这些条件都有助于内地公司建立国际化运作平台，实施"走出去"战略。

第三，本土市场理论。香港的股票市场既达到了国际标准，又属于中国的一部分。如果境内上市企业计划在境外证券交易所双重上市，香港市场绝对是首选。

第四，香港具有健全的法律体制。香港的法律体制以英国普通法为基础，法制体制健全。对拟上市公司来说，健全的法律体制为上市融资奠定了坚实的基础，也增强了投资人的信心。

第五，国际会计准则。香港证券交易所不单单接受《香港财务报告准则》及《国际财务报告准则》，特殊情况下也接受发行公司采用美国公认会计原则及其他会计准则。

第六，香港市场具有完善的监管架构。香港证券交易所的《上市规则》力求符合国际标准，对上市发行人提出高水准的披露规定。

第七，再融资便利。在香港上市6个月之后，上市公司就可以进行新股融资。

第八，交易、结算及交收措施先进。香港的证券及银行业以健全、稳健著称；交易所拥有先进、完善的交易、结算及交收设施。

第九，文化相同、地理接近。近年来，香港与内地往来越来越频繁、便捷，文化相同、语言相近，便于上市发行公司与投资人及监管机构沟通。

总之，到香港上市的优势这么多，怪不得很多内地企业纷纷赴港上市了。

10.2.2　N股：注册在内地，上市在纽约

N股是指那些注册在内地、上市在美国纽约证券交易所的外资股，取纽约的英文单词"New York"的第一个字母"N"作为名称。

美国有三大证券交易所，分别为纽约证券交易所、美国证券交易所、纳斯达克证券交易所。内地企业除了赴美N股上市以外，还可以在美国证券交易所或者纳斯达克证券交易所上市。在纽约证券交易所上市，企业需要满足以下条件，如表10-5所示。

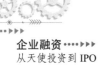

表 10-5　纽约证券交易所对非美国公司的上市要求

项目	纽约证券交易所上市
财务要求	上市前两年，每年税前收益为 200 万美元，最近 1 年税前收益为 250 万美元；或 3 年必须全部盈利，税前收益总计为 650 万美元，最近 1 年最低税前收益为 450 万美元；或上市前 1 个会计年度市值总额不低于 5 亿美元且收入达到 2 亿美元的公司；3 年调整后净收益合计 2 500 万美元（每年报告中必须是正数）
最低市值	公众股市场价值为 4 000 万美元；有形资产净值为 4 000 万美元
最低公众持股数量和业务记录	公司最少要有 2 000 名股东（每名股东拥有 100 股以上）；或 2 200 名股东（上市前 6 个月月平均交易量为 10 万股）；或 500 名股东（上市前 12 个月月平均交易量为 100 万股）；至少有 110 万股的股数在市面上为投资人所拥有（公众股 110 万股）
企业类型	主要面向成熟企业
会计准则	美国公认会计原则
信息披露规定	遵守纽约证券交易所的年报、季报和中期报告制度
其他要求	对公司的管理和操作有多项要求；详细说明公司所属行业的相对稳定性，公司在该行业中的地位，公司产品的市场情况

　　北京时间 2014 年 9 月 19 日晚 9 点 30 分左右，阿里巴巴的市钟在美国纽约证券交易所响起，标志着阿里巴巴在美国纽交所成功上市。根据阿里巴巴的上市发行价格，阿里巴巴上市融资额达到 250 亿美元，其市值达到 1 680 亿美元。截至 2016 年 11 月，阿里巴巴的市值已经将近 2 540 亿美元，创始人马云身价超过 370 亿美元，晋升为亚洲新首富。

　　阿里巴巴在纽约上市是中国公司境外上市中影响最大的一次，掀起赴美上市的高潮。还有一些企业在纳斯达克证券交易所上市，在纳斯达克上市需要满足以下条件，如表 10-6 所示。

表 10-6　纳斯达克证券交易所对非美国公司的上市要求

项目	纳斯达克主板	纳斯达克创业板
财务要求	在最近 1 个财政年的收入不低于 100 万美元或者是在近 3 个财政年中有 2 个财政年的收入都超过 100 万美元；或者市场价值 7 500 万美元或有不低于 7 500 万美元的资产及 7 500 万的营业收入	在最近 1 个财政年中的净收入不低于 75 万美元；或者是公司在最近 3 个财政年中有 2 个财政年的净收入不低于 75 万美元

续表

项目	纳斯达克主板	纳斯达克创业板
净资产	公司的有形净资产不得低于 600 万美元	公司的有形资产不低于 400 万美元或者市场价值超过 5 000 万美元
公众持股量和总价值	公众持股量不低于 110 万美元，总价值不低于 800 万美元	公众持股量不低于 100 万，总价值不低于 500 万美元
申请时最低股票价格	股票首次发行的最低价格不得低于每股 5 美元；在之后的交易价格需维持在每股 1 美元以上，以此来避免上市公司有意低价出售，从而保护纳斯达克的信誉	首次发行价不低于每股 4 美元，且需一直维持在每股 4 美元以上
股东人数和做市商	至少有 400 个股东；不低于 3 个做市商	至少有 300 个股东和 3 个做市商

百度 2005 年在纳斯达克主板上市，成为在纳斯达克上市的中国公司范例。2005 年 8 月 5 日，百度在纳斯达克主板上市，股票代码为"BIDU"，公开发售美国存托凭证（ADS）404 万股，发行价为 27.00 美元，融资规模为 1.09 亿美元。

百度招股说明书显示，百度于 2003 年净亏损人民币 8 883 万元，而在 2004 年已经扭亏为盈，并且有人民币 1.2 亿元（当时相当于 1 340.1 万美元）营收，净利润为 145 万美元。在 2000—2004 年，百度的营业收入以平均每年 400% 的速度发展，足以证明百度是一个高成长、高发展潜力的高科技公司，完全符合纳斯达克市场的要求。

在美国证券交易所上市，企业需要满足以下条件，如表 10-7 所示。

表 10-7　美国证券交易所对非美国公司的上市要求

项目	美国证券交易所上市
财务要求	近 1 年或者是近 3 年中的 2 年，每年的税前收入不低于 75 万美元
最低市值	公众股市场价值不低于 300 万美元；有形资产净值为 4 000 万美元
公众持股数量和总价值	公众持股量为 400 万，总价值不低于 300 万美元
申请时最低股票价格	首次发行价不低于每股 3 美元，股东的普通股不低于每股 4 美元
其他要求	对公司的管理和操作有多项要求；详细说明公司所属行业的相对稳定性，公司在该行业中的地位，公司产品的市场情况
特殊判断标准	公众持股市值达 1 500 万美元；首次发行价不低于每股 3 美元，股东的普通股不低于每股 4 美元；公司须有至少 3 年的经营时间

在美国证券交易所上市的中国企业有 8 家，分别是博迪森生化、美东生物、东方信联、北京科兴生物、天狮生物、沈阳爱生制药、海南金盘和新隆亚洲。其中，博迪森和美东生物的表现尤其好。以博迪森为例，其股价始终保持在 17 美元之上，市盈率在 38 倍左右。

为什么中国内地公司也热衷于到美国上市呢？除了公司在内地上市具有的融资、股权增值、规范公司经营发展、强化公司社会责任等好处，到美国上市还有其他特殊意义。

第一，赴美上市使得公司的价值证券化，有利于股东计算自己的财富。当然，企业不上市的情况下，股东也能根据公司的净资产数量计算出自己拥有的股权价值。但是如果没有人愿意购买，股东就无法退出变现。即便公司在国内上市，由于公司大股东持有的股票与上市流通股的价值不同，转让方式也受到很多限制，因此，大股东很难计算出自己拥有的财富。在美国上市则不一样，美国的资本市场不区分流通股与非流通股。上市后，大股东只要根据股票交易价格乘以持有的股数，就能计算出自己财富的价值。如果大股东想要退出变现，只需要委托证券交易商即可卖出。

2016 年 8 月，马云启动了一项股票出售计划，即自 2016 年 9 月起的 12 个月内沽售阿里巴巴 990 万股股票，约为马云持有阿里巴巴股份的 5%。按照 2016 年 11 月 1 日的收盘价 101.15 美元计算，马云即将沽售的 990 万股股票价值超过 10 亿美元。马云表示，此次股票出售计划的目的是履行公益捐款的承诺及更好地管理财富。

第二，美国上市标准公开明确，操作有章可循。我国公司上市发行采用的是核准制，而美国资本市场采用的是注册制。公开、明确的上市标准为拟上市公司提供了依据。公司只要找到合格的保荐机构以及合适的中介机构完成审计、法律等工作，企业就可以成功发行股票。

第三，在美国上市花费的成本低，通过时间短。在国内主板上市的时间最少也要三年，而直接到美国上市的时间一般为 9 ~ 12 个月。另外，国内上市花费的中介机构费用远远高于在美国上市的中介机构费用，有利于公司降低融资成本。

受经济一体化、金融全球化以及中国公司国际化战略推进的影响，越来

越多的中国公司选择到美国上市。另外，A+N、A+H 等多地上市的现象也不
再罕见。当然，前提是公司发展到一定规模，可以有效进行投资人关系管理。

10.2.3　S股：注册在内地，上市在新加坡

　　S 股是指那些注册在内地，但是上市在新加坡证券交易所的外资股。新加
坡上市企业以制造业和高科技企业为主，尤其是在新加坡上市的外国企业中，
制造业占比超过 50%。新加坡交易市场的总市值相当于香港市场的 1/3，交易量
却达到中国香港市场的 1/2。可以看出，新加坡市场的活跃度比中国香港市场还
要高。下面一起看新加坡证券交易所对国外公司的上市要求，如表 10-8 所示。

表 10-8　新加坡证券交易所对国外公司的上市要求

项目	新加坡主板	新加坡创业板
营运记录	需具备 3 年业务记录，发行人最近 3 年主要业务和管理层没有发生重大变化，实际控制人没有发生变更；没有营业记录的公司必须证明有能力取得资金，进行项目融资和产品开发，该项目或产品必须已进行充分研发	有 3 年或以上连续、活跃的经营纪录；所持业务在新加坡的公司，需有 2 名独立董事
盈利要求	1. 过去 3 年的税前利润累计 750 万新币（合 3 750 万元），每年至少 100 万新币（合 500 万元）。2. 过去 1～2 年的税前利润累计 1 000 万新币（合 5 000 万元）。3. 3 年中任何一年税前利润不少于 2 000 万新币且有形资产价值不少于 5 000 万新币。4. 无盈利要求	并不要求一定有盈利，但会计师报告不能有重大保留意见，有效期为 6 个月
最低公众持股量	至少 1 000 名股东持有公司股份的 25%，如果市值大于 3 亿元，股东的持股比例可以降低至 10%	公众持股至少为 50 万股或发行缴足股本的 15%（以高者为准），至少 500 个公众股东
最低市值	8 000 万新币或无最低市值要求	无具体要求
证券市场监管	如果公司计划向公众募股，该公司必须向社会公布招股说明书；如果公司已经拥有足够的合适股东，并且有足够的资本，无须向公众募集股份，该公司必须准备一份与招股说明书类似的通告交给交易所，以备公众查询	全面信息披露，买卖风险自担

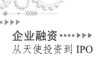

续表

项目	新加坡主板	新加坡创业板
公司注册和业务地点	自由选择注册地点，无须在新加坡有实质的业务运营	所持业务在新加坡的公司，需有 2 名独立董事；业务不在新加坡的控股公司，需有 2 名常住新加坡的独立董事，1 位在新加坡全职的执行董事，并且每季开 1 次会议
会计准则	新加坡或国际或美国公认的会计原则	无

新加坡市场是充满活力的，吸引了无数中国企业到新加坡上市。自中远投资于 1993 年率先在新加坡上市以来，越来越多的中国企业选择到新加坡上市。这些中国企业在新加坡市场的换手率高达 200% ～ 300%，大多是一些制造业、交通、基建、通信、商业贸易、服务业和房地产公司。

其中，在新加坡上市的中国制造业公司有天津中新药业、亚细亚陶瓷、亚洲创建、鹰牌控股、百嘉力、源光亚明国际、大众食品、东明控股、中国软包装控股、新湖滨控股、化纤科技、亚洲药业等；交通、基建、通信类的公司有中远投资、亚洲电力、润讯通信等；商业贸易类的公司有中航油、妍华控股等；服务业的公司有电子科技软件、亚洲环保、金迪生物科技、联合环保技术、神州环石油科技等；房地产业的公司有中国招商亚太、龙置地等。

中国公司到新加坡上市有很多好处，具体说明如下。

第一，新加坡有着独立开放的公开市场，上市条件明确。公司寻求在新加坡上市的过程中可以随时与新加坡证券交易所联系、了解上市相关规定并讨论上市前后遇到的各种问题。

第二，中国公司在新交所上市可以融集外资，供公司进一步发展之用。新交所根据新型经济发展而设计的上市标准，有利于新兴而且具有潜力的中国公司在新加坡市场融资，在公司发展的最关键时期，给予公司最需要的资金。

第三，新加坡股票市场非常活跃，流通性好，换手率高。

第四，新加坡市场对制造业，尤其是高科技企业有深入的认识，股价较高。

第五，在新加坡上市售股，可以选择发售新股或由股东卖出原有股份。公司上市后也能够根据自身业务发展的需要及市场状况，自由决定在二级市场上再次募集资金的形式、时间和数量。

第六，新加坡对外汇及资金流动不设管制，发行新股及出售旧股所募集的资金可自由流入流出。

第七，新加坡是中西文化交融之地，在新加坡上市有利于中国企业树立更好的企业形象。在新加坡上市的中国企业既能够得到文化上的认同，又可以登上国际舞台。

上市对企业的意义重大，到底选择在哪一个市场上市需要慎重考虑。具体选择哪一个上市地应当由公司的具体情况决定。

10.3 间接境外上市

与直接境外上市相对应，间接境外上市是大家通常所说的境内公司海外"借壳上市"。通过借壳上市方式实现中国境内公司境外上市，境内公司与境外上市公司的联系是资产或业务的注入、控股。境外借壳上市包括两种模式，一是境外买壳上市；二是境外造壳上市。两种模式的本质都是将境内公司的资产注入壳公司，达到国内资产上市的目的。下面分别看一下境外买壳上市和境外造壳上市。

10.3.1 境外买壳：收购海外上市公司

境外买壳上市行为中有两个主体，一个是境内公司；另一个是海外上市公司。首先，境内公司需要找到合适的海外上市公司作为壳公司。然后，境内公司完成对海外上市壳公司的注资，获得其部分或全部股权，这样境内公司就实现了海外间接上市的目的。

以美国的反向收购上市（实质为买壳上市）为例，分为两个交易步骤。首先是买壳交易，拟上市公司的股东通过收购上市壳公司股份的形式，绝对或

相对地控制一家已经上市的股份公司。其次是资产转让交易，拟上市公司将资产及营运注入上市壳公司，从而实现间接上市。

在反向收购上市交易中，上市壳公司向拟上市公司股东定向增发的股票数量远大于壳公司原来累计发行的股票数量。因此，表面上看是上市壳公司收购了拟上市公司，实际是拟上市公司因获得上市公司定向增发的控股数量的股票而控制了两家公司合并后的上市公司。

对买壳上市的公司来说，找到一个干干净净的适合公司的壳是成功上市的关键。壳公司的股票可能仍在交易，也可能停止了；公司业务可能正常运营，也可能停止了。

一般情况下，壳公司已经背上负债，资产非常少，或者已经没有什么价值。比如，厂房已经抵押、中介费用和设备租用费用负债等。因此，选择壳公司之前一定要仔细调查和考虑。理想的壳公司应该有以下 4 个特点，内容如图 10-2 所示。

规模较小，股价较低

股东人数在300～1 000人

最好没有负债

壳公司业务与拟上市公司业务接近

图 10-2　理想的壳公司特点

第一，规模较小，股价较低。这样可以降低购买壳公司的成本，有利于收购成功。

第二，壳公司的股东人数在 300 ～ 1 000 人。股东如果在 300 人以下，则公众股东太少，没有公开交易的必要；如果股东超过 1 000 人，那么新公司需要与这些人联系并递交资料报告，无形中增加了成本。另外，股东太多会给收购制造更多的困难。当然还不应涉及任何法律诉讼，否则会带来麻烦。

第三，最好没有负债，如果有，一定要少。负债越多，收购成本就越高。

另外，公司原股东因负债对公司的不满会因为新股东入驻而爆发出来。当然，壳公司不应当涉及任何法律诉讼案件，否则会给上市带来很多麻烦。

第四，壳公司的业务要与拟上市公司业务接近，结构越简单越好。

如果条件允许，借助专业人士寻找壳公司是最好的方法。一般来说，投资银行常常会有好的建议。

买壳上市有两个优点，一是合法规避了中国证监会对申请境外上市公司的烦琐审批程序；二是买壳上市对于公司财务披露的要求相对宽松，可以缩短实际上市的时间。

与此同时，买壳上市有两个不利之处，一是买壳成本高；二是风险比较大。因为对境外上市公司并不熟悉，在收购后发现买了垃圾股票，从而无法实现从市场融资目的，反而背上了债务包袱的代价是非常大的。

关于境外买壳上市，最具有争议的问题无疑是境外买壳或者直接上市如何选择。下面对这一问题进行回答。首先，你需要明确公司的现状、股东的目标、对向市场融资的急迫性和计划采用的融资模式。

如果你的公司是已经满足上市要求的公司，那么直接上市无疑是最好的选择。直接上市要求公司必须按照上市地区的监管法则和市场游戏规则，一些公司可能难以达到这一要求。比如，上市对公司的业绩有要求，一些公司的业绩可能处于长时间负增长状态而无法满足这一要求。此外，上市还需要选择正确的时机，市场气氛不好的时候很难成功上市。阿里巴巴在纽约成功上市之所以影响巨大，有一部分原因就是马云对于上市时机的把握。

另外，如果公司需要短期向市场大规模融资，直接上市的漫长等待很容易拖垮公司。因此，境外买壳成为公司直接上市之外的后备方案。买壳的成本非常高，但是有些优点是其他上市方式无法替代的。境外买壳可以在最短时间内控制一家上市公司，然后等待最佳融资时机，不需要将大把时间花费在上市准备上。国美电器、盈科数码和华宝国际都是在香港买壳后等待融资时机，最后成功集资套现。

总体来说，境外买壳上市更适合股东的资金实力雄厚、可以先拿出一定资产再解决融资需求的公司。作为已经上市一段时间的壳公司，其股东基础可能比直接上市更广泛，股票更加活跃。关于境外买壳的成本，由低到高的排列

是美国、新加坡、中国香港。公司应当根据自己的支付能力选择买壳地点。

10.3.2　境外造壳：海外注册中资控股公司

境外造壳上市是指境内公司在境外证券交易所所在地或其他允许的国家与地区开一家公司，境内公司以外商控股公司的名义将相应比例的权益及利润并入海外公司，以达到境外上市目的。境内企业在境外注册公司的地区一般包括中国香港、百慕大、开曼、库克、英属维尔京群岛等。

境外造壳上市不仅可以规避政策监控，实现上市的目的，还可以利用避税岛政策实现合理避税。下面是境外造壳上市的4个优势，内容如图10-3所示。

1	与境外直接上市相比，所用时间更短
2	与境外买壳上市相比，构造出的壳公司更满意
3	股权转让、认股权证及公司管理等法律与国际接轨
4	没有发起人股限制，公司全部股份均可流通买卖

图 10-3　境外造壳上市的 4 个优势

第一，与境外直接上市相比，所用时间更短。与企业直接在境外上市相比，造壳上市的实质是以境外未上市公司的名义在当地证券交易所申请挂牌上市。这样避免了境外直接上市过程中遇到的中国和境外上市地法律相互抵触的问题，有效节省了上市时间。因此，很多中国内地企业都是先在境外注册一家公司，然后利用该公司的名义申请挂牌上市的。比如，网易、新浪、联通等公司都是这么做的。

第二，与境外买壳上市相比，构造出的壳公司更满意。在境外购买壳公司是从现有上市公司中选择出最适合自己公司的那一个，而境外造壳上市则是直接在目的地设立壳公司，然后申请上市。相对来说，拟上市公司在造壳上市过程中能够充分发挥主动性，上市的成本和风险相对较小。

从获得壳资源的路径来说，造壳成本比收购上市公司的成本低；从业务协同性来说，拟上市公司在境外注册的壳公司可以在最大程度上保证与国内企业业务有关。除了利用壳公司申请上市以外，拟上市公司还可以利用壳公司拓展境外上市地的业务。

第三，股权转让、认股权证及公司管理等法律与国际接轨。由于壳公司是在百慕大、开曼、库克、英属维尔京群岛等英美法系地区成立，股权转让、认股权证及公司管理等方面的法律规定都与国际接轨，这对上市公司的发起人、股东以及管理层人员是非常有利的。国际投资者对这类公司的认识及接受程度更高。

第四，在中国香港、百慕大、开曼、库克、英属维尔京群岛等英美法系地区注册的公司没有发起人股限制，公司全部股份均可流通买卖，增强了上市公司资金流动性。

但是造壳上市也有两个不利之处：一是境内企业首先要拿出一笔资产到境外注册公司，很多企业难以做到；二是由于境外证券管理部门对公司的营业时间有要求，所以从境外注册公司到最终上市需要经过数年时间。

10.3.3　中信泰富香港买壳上市

中信泰富荣智健选择泰富发展作为壳公司，实现了中信香港的间接上市。这是企业在香港买壳上市的经典案例。下面一起回顾中信泰富诞生的过程。1988 年的时候，国务院下达命令，对在港华资公司进行重整。在政策利好下，"中信香港"董事长荣智健开始寻找在香港证券交易所上市融资的方法。

由于法律法规的限制，中信香港无法取得造壳上市的资格，只能选择买壳上市这条捷径。中信香港对于泰富发展的买壳上市是按照"买壳—净壳—装壳"这个思路操作的。

首先是买壳。1990 年 1 月，在香港首富李嘉诚和马来西亚首富郭鹤年的支持下，荣智健通过和泰富发展控股股东曹光彪集团的定向洽谈达成交易。双方约定，中信香港以 1.2 港币 / 股的定价购得曹光彪家族所拥有的泰富发展 49% 的股份，股份总价值为 3.97 亿港币。自此，中信香港顺利入主成为泰富发展的第一股东，完成了买壳操作。

其次是净壳。越是良好的壳资源，净壳的过程就越是简单。由于泰富发

展成立于 1985 年，1986 年上市，被中信香港收购时非常干净，不存在不良资产，所以净壳过程非常简单。中信香港只是按照原来与曹光彪集团的约定将富泰发展持有的永新集团 8% 的股权以 1.5 港币／股的价格转让给了曹光彪，泰富回收资金 7337.85 万港币。

最后是装壳。装壳是买壳上市的难点和实现目的的关键步骤。1990 年 2 月，中信香港将其持有的港龙航空 38.3% 的股权以及名下裕林工业中心、大角咀中心等资产注入泰富发展，进一步扩大其在泰富发展的股权至 85% 左右。其直接结果是中信香港通过向泰富发展注入资产，获得了 5.5 亿港币的现金流入。

1991 年，中信香港将泰富发展改名为中信泰富。中信泰富随即成为中信香港的资本运作平台。1991 年下半年，中信泰富增发 3 亿多股新股给中信香港，用于收购中信香港持有的国泰航空股份；同时，又增发 3 亿多股新股给李嘉诚等香港富豪。"李嘉诚效应"很快使得中信泰富的股价从每股 5 港币升到每股 9 港币左右。

就这样，中信泰富通过上市公司的身份不断从香港证券市场融资，然后反过来购买中信香港下面的公司和其他资产，最后使得中信香港的资产全部注入中信泰富这个壳公司。由此，中信泰富成功实现了买壳上市。

中信泰富买壳上市对中信香港的意义重大，可以概括为三个方面，内容如图 10-4 所示。

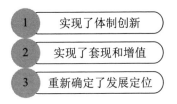

图 10-4　中信泰富买壳上市对中信香港的意义

第一，实现了体制创新。中信泰富是国有企业与香港股市的有机结合，挖掘了股份制与国企制相融合的潜力。因为历史政治原因，国有企业在体制上有活力与竞争力不足的问题。但是，国有企业在几十年的运行中也形成了值得借鉴的经验，包括领导具有事业心和责任心、人事约束机制以及员工的凝聚力等。而上市公司则会因为股权结构不合理、经营决策失误等原因出现经营效率低等问题。

中信香港在买壳上市过程中既融合了国有企业按劳分配和奖惩分明的管理原则，也融合了香港上市公司的体制优越性，比如，财务管理规范、信息披露透明、对股东和市场有责任要求等。

第二，实现了套现和增值。通过买壳上市，中信香港的资产在香港证券市场实现了套现和增值。中信香港收购泰富发展以后，通过配股、收购和置换等方式将中信香港下属资产注入了泰富发展。在资产注入过程中，中信香港通过资产转让实现了有形资产的增值；另外，借助中信泰富上市公司，中信香港实现了资金套现，为中信集团积累了丰富的现金。有了丰富的现金基础，中信集团开始进一步拓展集团业务。

第三，重新确定了发展定位。中信香港借壳泰富发展间接在香港证券市场上市最重要的意义在于中信集团得以借助香港证券市场优化资源配置、扩张资本、完善战略布局，实现了外部式增长

国际大型集团的经验告诉我们，单纯的内部积累不可能造就跨国公司集团。中信集团借助资金活跃的香港证券市场运营资本，实现外部式增长，拓展集团业务，是实现集团快速扩张的最有效方式。

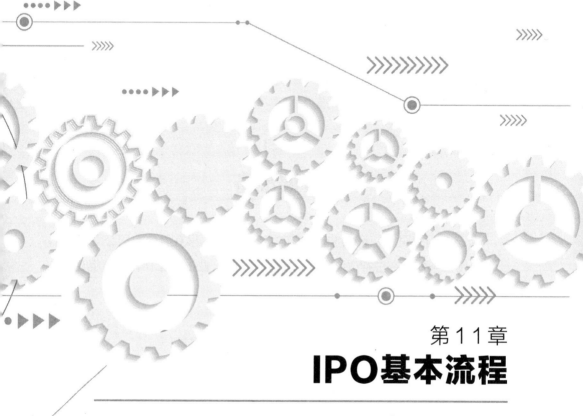

第11章
IPO基本流程

通过第一章和第十章的学习，我们已经大概了解了企业上市的基本情况。如果你的公司正在计划上市，那么你应当可以选出上市目的地、上市板块以及适合你公司的上市方式。本章将具体介绍上市的基本流程。

11.1
前期准备

公司分为有限责任公司和股份有限公司两种，只有股份有限公司才具备上市的基础条件。在进行改制之前，公司需要做一些准备工作，包括组建上市工作小组、尽职调查、制定上市工作方案等。

11.1.1 组建上市工作小组，选择中介机构

企业确定了上市目标之后，首先需要做到的就是组建上市工作小组，选择相关的中介机构。

上市工作小组成员应当是企业内部懂专业而且有经验的人员，一般由董事长任组长，由董事会秘书、公司财务负责人、办公室主任、相关政府人员作为组员。

企业上市需要找 4 个中介机构合作，包括证券公司（保荐机构/主承销商）、会计师事务所、律师事务所以及资产评估师事务所。根据《公司法》《证券法》等法律法规的相关规定，企业选择的中介机构必须具备相应的资格条件。下面看企业在选择中介机构时应该注意的 4 个方面，内容如图 11-1 所示。

第一，有从事证券业务的资格。在我国，从事股票发行上市业务的证券公司必须有保荐承销业务资格，会计师事务所、律师事务所和资产评估师事务所必须具有证券从业资格。

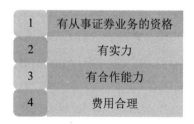

1	有从事证券业务的资格
2	有实力
3	有合作能力
4	费用合理

图 11-1　企业在选择中介机构时应该注意的 4 个方面

第二，有实力。中介机构的实力体现在执业能力、执业经验和执业质量三个方面。企业选择中介机构之前，要对其执业能力、执业经验和执业质量进行了解，选择具有较强执业能力、熟悉企业所从事行业的中介机构，以保证中介机构的执业质量。此外，中介机构的声誉越好，反映了其整体实力越强大。

第三，有合作能力。上市是公司以及各中介机构合作的结果，所以各中介机构之间应该能够进行良好的合作，共同为公司上市努力。保荐机构与律师、会计师之间尤其需要协同合作。

第四，费用合理。上市的成本非常高，还有失败的可能，所以在中介机构身上花费的费用是控制上市成本需要考虑的一大因素。具体收费标准可以参考业内平均标准，然后与中介机构协商确定。

拟上市公司与各中介机构的合作至少在一年以上，所以一定要重视中介机构的选择。

11.1.2　尽职调查和制订上市工作方案

中介机构进场后就可以展开尽职调查了。尽职调查是指拟上市公司在开展上市工作之前，由中介机构按照本行业公开的执业标准、职业道德等从法律、财务两方面对公司各个有关事项进行现场调查和资料审查的过程。

尽职调查有助于拟上市公司更加全面地了解自身的基本情况，发现问题，找到与上市要求所存在的差距，为上市奠定基础。另外，尽职调查还可以帮助中介机构评估项目风险，提高公司业务的风险防范和风险管理水平。尽职调查要求公司真实、准确、完整地提供中介机构需要的材料。如果公司刻意隐瞒，

则不利于中介机构发现问题，最终的结果就是上市失败。

尽职调查的内容主要包括公司成立、组织和人事等基本信息；公司业务和产品状况；公司经营现状以及可持续发展状况；公司的财务状况；公司的资产状况；公司重要合同、知识产权、诉讼状况；公司纳税、社保、环保、安全状况等。

完成尽职调查后，公司上市工作小组应当和保荐人、律师、注册会计师、评估师等对尽职调查的结构进行分析，找到拟上市公司当前存在的问题以及解决思路和解决方案，然后制订上市工作方案。

上市工作方案的主要内容包括公司目前现状分析、公司改制和重组的目标、股权结构的调整、资产重组的原则和内容、重组中应当注意的问题、公司上市操作的相关事宜、工作程序和时间安排以及组织实施及职责划分等。

11.1.3 进行增资扩股

增资扩股不是企业上市之前的必然选择，但因为好处非常多，所以大多数拟上市公司选择了增资扩股。上市前增资扩股可以提前获取一部分资金，提升经营业绩。比如，房地产公司上市必须要达到一定程度的土地储备，如果自有资金不足，只能通过上市前增资完成土储新增。下面一起看一下常见的三种增资扩股方式，内容如图 11-2 所示。

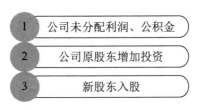

图 11-2　常见的三种增资扩股方式

1. 公司未分配利润、公积金

《公司法》第三十四条规定："股东按照实缴的出资比例分取红利；公司新增资本时，股东有权优先按照实缴的出资比例认缴出资。但是，全体股东约定不按照出资比例分取红利或者不按照出资比例优先认缴出资的除外。"

《公司法》第一百六十六条规定："公司分配当年税后利润时，应当提取利润的百分之十列入公司法定公积金。公司法定公积金累计额为公司注册资本的百分之五十以上的，可以不再提取。公司的法定公积金不足以弥补以前年度亏损的，在依照前款规定提取法定公积金之前，应当先用当年利润弥补亏损。公司从税后利润中提取法定公积金后，经股东会或者股东大会决议，还可以从税后利润中提取任意公积金。公司弥补亏损和提取公积金后所余税后利润，有限责任公司依照本法第三十五条的规定分配；股份有限公司按照股东持有的股份比例分配，但股份有限公司章程规定不按持股比例分配的除外。股东会、股东大会或者董事会违反前款规定，在公司弥补亏损和提取法定公积金之前向股东分配利润的，股东必须将违反规定分配的利润退还公司。公司持有的本公司股份不得分配利润。"

《公司法》第一百六十八条规定："公司的公积金用于弥补公司的亏损、扩大公司生产经营或者转为增加公司资本。但是，资本公积金不得用于弥补公司的亏损。法定公积金转为资本时，所留存的该项公积金不得少于转增前公司注册资本的百分之二十五。"

公司以未分配利润、公积金转增注册资本的，有限责任公司需要遵守《公司法》第三十四条、股份有限公司应当遵守《公司法》第一百六十六条。如果公司章程有特殊规定，则以公司章程为先。

2. 公司原股东增加投资

《公司法》第二十七条规定："股东可以用货币出资，也可以用实物、知识产权、土地使用权等可以用货币估价并可以依法转让的非货币财产作价出资；但是，法律、行政法规规定不得作为出资的财产除外。对作为出资的非货币财产应当评估作价，核实财产，不得高估或者低估作价。法律、行政法规对评估作价有规定的，从其规定。"公司股东可以据此直接增加公司的注册资本。

3. 新股东入股

拟上市公司增资扩股时，外部投资人可以通过投资入股的方式成为公司的新股东。新股东入股的价格应当根据公司净资产与注册资本之比确定，溢价

部分作为公司的资本公积金。

拟上市公司进行增资扩股需要注意一些问题。《首次公开发行股票并上市管理办法》第十二条规定："发行人最近三年内主营业务和董事、高级管理人员没有发生重大变化，实际控制人没有发生变更。"根据上述规定，拟上市公司进行增资扩股时，公司实际控制人不能发生变更，管理层不能有重大变化，主营业务不能发生重大变化，以免影响公司上市进程。

11.2

设立股份公司

只有股份有限公司才能发行上市，所以有限责任公司在申请上市之前就必须改制为股份有限公司。改制是上市进程中的重要环节，直接影响着公司能否顺利上市。下面介绍改制业务需要关注的实务性问题。

11.2.1 净资产折股/验资

关于净资产折股 / 验资，我国《公司法》相关规定如表 11-1 所示。

表 11-1 《公司法》关于净资产折股 / 验资的相关规定

《公司法》	条　文
第二十七条	"股东可以用货币出资，也可以用实物、知识产权、土地使用权等可以用货币估价并可以依法转让的非货币财产作价出资；但是，法律、行政法规规定不得作为出资的财产除外。对作为出资的非货币财产应当评估作价，核实财产，不得高估或者低估作价。法律、行政法规对评估作价有规定的，从其规定。全体股东的货币出资金额不得低于有限责任公司注册资本的百分之三十"
第九十五条	"有限责任公司变更为股份有限公司时，折合的实收股本总额不得高于公司净资产额。有限责任公司变更为股份有限公司，为增加资本公开发行股份时，应当依法办理"

　　《公司法》第二十七条对公司资本形成过程中的股东出资形式做出规定。在公司改制过程中，为了明确非货币出资的真实价值，股东必须通过中介机构对非货币出资审验。在这里，股东履行评估义务是法定的、必须的。

　　《公司法》第九十五条是对公司改制过程中股本总额与净资产之间关系的规定。这一规定有效避免了公司虚增股本、虚报注册资本的情况。

　　有限责任公司的净资产主要包括实收资本、未分配利润、资本公积和盈余公积。公司股改时，以改制基准日的净资产折股至股份有限公司的股本和资本公积。

　　举例来说：一家有限责任公司的实收资本 2 500 万元，资本公积为 2 000 万元，盈余公积 2 500 万元，未分配利润 3 000 万元，那么公司的净资产为 1 亿元。如果折股比例为 1 ∶ 2，也就是折股 5 000 万元，另外 5 000 万元计入资本公积。此时，自然人股东需要就盈余公积、未分配利润转增股本缴税。

　　关于折股比例，国有资产有 65% 下限的规定。这一规定是为了避免国有资产流失。非国有资本的折股比例没有明确规定，但实际操作中一般不低于 70%。以民营企业浙江万马为例，折股比例为 61%，即 2.4 亿元净资产折股为 1.5 亿元。另外，注意折股股份数不可以低于法定最低要求。其中，创业板不低于 2 000 万股，主板不低于 3 000 万股。

　　在股改过程中，拟上市公司需要委托验资机构对公司的出资情况进行验资，出具验资报告，确保公司的注册资本为实缴。

11.2.2　召开创立大会及第一届董事会、监事会会议

　　注资、验资完成后，发起人需要在 30 天内主持召开公司创立大会。创立大会的组成人员是参与公司设立并认购股份的人。发起人需要在创立大会召开 15 日前将会议日期通知各认股人或者予以公告。

　　《公司法》第九十条规定："创立大会行使下列职权：审议发起人关于公司筹办情况的报告；通过公司章程；选举董事会成员；选举监事会成员；对公司的设立费用进行审核；对发起人用于抵作股款的财产的作价进行审核；发生不可抗力或者经营条件发生重大变化直接影响公司设立的，可以作出不设立公司的决议。创立大会对前款所列事项作出决议，必须经出席会议的认股人所

持表决权过半数通过。"

如果出席创立大会的发起人、认股人代表的股份总数少于 50%，那么创立大会则无法举行。

创立大会顺利结束意味着董事会、监事会成员的诞生。然后，发起人需要组织召开股份有限公司的第一届董事会会议、第一届监事会会议，并在会议上选举董事长、董事会秘书、监事会主席、公司总经理等高级管理人员。

11.2.3　申请登记注册

《公司法》第九十二条规定："董事会应于创立大会结束后三十日内，向公司登记机关报送下列文件，申请设立登记：公司登记申请书；创立大会的会议记录；公司章程；验资证明；法定代表人、董事、监事的任职文件及其身份证明；发起人的法人资格证明或者自然人身份证明；公司住所证明。以募集方式设立股份有限公司公开发行股票的，还应当向公司登记机关报送国务院证券监督管理机构的核准文件。"

公司登记机关收到股份有限公司的设立登记申请文件后，开始对文件进行审核，并在 30 天内做出是否予以登记的决定。如果登记申请文件符合《公司法》的各项规定条件，公司登记机关将予以登记，并给公司下发营业执照；如果登记申请文件不符合《公司法》相关规定，则不予登记。

股份有限公司的成立日期就是公司营业执照的签发日期。公司成立后，应当进行公告。拿到公司营业执照意味着公司改制顺利完成，随后公司进入上市之前的辅导期，下一节将具体讲述上市前的辅导。

⑪.3

进入三个月辅导期

按照中国证监会的有关规定，拟上市公司在向中国证监会提出上市申请前，均需由具有主承销资格的证券公司进行辅导，辅导期限至少三个月。

11.3.1　上市辅导程序

2016 年 2 月 19 日，我国最大的快递公司顺丰在媒体发出公告，承认公司正在接受上市辅导。公告显示："顺丰控股（集团）股份有限公司拟在国内证券市场首次公开发行股票并上市，目前正在接受中信证券股份有限公司、招商证券股份有限公司、华泰联合证券有限责任公司的辅导。"

下面一起看拟上市公司接受上市辅导的一般程序，内容如图 11-3 所示。

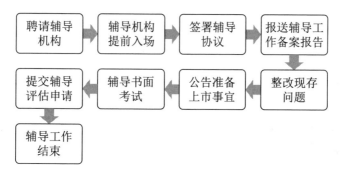

图 11-3　拟上市公司接受上市辅导的一般程序

1. 聘请辅导机构

选择辅导机构时，拟上市公司要综合考查证券公司的独立性、资信状况、专业资格、研发力量、市场推广能力、具体承办人员的业务水平等因素。《证券经营机构股票承销业务管理办法》第十五条规定："证券经营机构持有企业 7% 以上的股份，或是其前五名股东之一，不得成为该企业的主承销商或副主承销商。"一般情况下，保荐机构为拟上市公司的主承销商，辅导机构可以与保荐机构合二为一，也可以另行聘请。

2. 辅导机构提前入场

上市辅导是改制完成后正式开始的，但由于改制是上市准备工作的重点

内容，所以选定辅导机构之后，可以让辅导机构尽早介入拟上市公司的上市规划流程。

3. 签署辅导协议

股份有限公司成立后，公司需要与辅导机构签署正式的辅导协议。另外，公司与辅导机构需要在辅导协议签署后 5 个工作日内到企业所在地的证监会派出机构办理辅导备案登记手续。

4. 报送辅导工作备案报告

辅导开始后，辅导机构定期向证监会派出机构报送辅导工作备案报告。

5. 整改现存问题

在辅导过程中，辅导机构会针对拟上市公司现存问题提出整改建议，然后由公司整改现存问题。如果公司遇到难以解决的问题，可以尝试征询权威部门的建议，尽快解决问题。

6. 公告准备上市事宜

拟上市公司需要在辅导期内就接受辅导，准备上市事宜在媒体公告，接受社会监督，比如顺丰在 2016 年 2 月的公告。公告后，证监会派出机构有可能收到关于拟上市公司的举报信，然后组织相关调查，企业应当积极配合调查，消除上市过程中的风险。

7. 辅导书面考试

在辅导期内，辅导机构会对接受辅导的人员进行至少一次的书面考试，全体应试人员的成绩达到合格为止。

8. 提交辅导评估申请

辅导期结束后，辅导机构如果认为拟上市公司已经达到上市标准，需要向证监会派出机构报送"辅导工作总结报告"，提交辅导评估申请。如果辅导机构和拟上市公司认为没有达到计划目标，可以向证监会派出机构申请适当延长辅导时间。

9. 辅导工作结束

证监会派出机构收到辅导机构提交的辅导评估申请后，会在 20 个工作日内完成对辅导工作评估。如果评定为合格，会向中国证监会出具"辅导监管报告"，发表对辅导效果的评估意见，这意味着辅导结束。如果证监会派出机构认为辅导评估申请不合格，会根据实际情况要求延长辅导时间。

了解了上市辅导的大致程序之后，下面再看看上市辅导的主要内容。

11.3.2 　上市辅导内容

在上市辅导过程中，辅导机构会在尽职调查的基础上根据上市相关法律法规确定辅导内容。辅导内容主要包括以下几个方面。

（1）核查股份有限公司的合法性与有效性：包括改制重组、股权转让、增资扩股、折股 / 验资等方面是否合法，产权关系是否明晰，商标、专利、土地、房屋等资产的法律权属处置是否妥善等。

（2）核查股份有限公司人事、财务、资产及供产销系统独立完整性：督促公司实现独立运营，做到人事、财务、资产及供产销系统独立完整，形成核心竞争力。

（3）组织公司董事、监事、高级管理人员及持有 5% 以上（包括 5%）股份的股东进行上市规范运作和其他证券基础知识的学习、培训和考试，督促其增强法制观念和诚信意识。

（4）监督建立健全公司的组织机构、财务会计制度、公司决策制度和内部控制制度以及符合上市公司要求的信息披露制度，实现有效运作。

（5）规范股份有限公司和控股股东及其他关联方的关系：妥善处理同业竞争和关联交易问题，建立规范的关联交易决策制度。

（6）帮助拟上市公司制订业务发展目标和未来发展计划，制订有效可行的募股资金投向及其他投资项目规划。

（7）帮助拟上市公司开展首次公开发行股票的相关工作。在辅导前期，辅导机构应当协助公司进行摸底调查，制订全面、具体的辅导方案；在辅导中期，辅导机构应当协助企业集中进行学习和培训，发现问题并解决问题；在辅导后期，辅导机构应当对公司进行考核评估，完成辅导计划，做好上市申请文件的准备工作。

需要注意的是，辅导有效期为三年，即本次辅导期满后三年内，拟上市公司可以向主承销商提出股票发行上市申请；超过三年，则需按本办法规定的程序和要求重新聘请辅导机构进行辅导。

11.4
申报与核准

拟上市公司顺利通过上市前的三个月辅导之后，就可以向中国证监会发出上市申请了。证监会受理后的核查是决定企业能否成功上市的关键阶段，企业需格外重视。

11.4.1 制作申报材料

在申报与核准阶段，拟上市公司首先需要制作申报上市的正式材料。申报材料主要由各中介机构分工制作，然后由主承销商汇总并出具推荐函。主承销商核查通过后，会将申报材料报送中国证监会审核。

根据中国证券会发布的《公开发行证券的公司信息披露内容与格式准则第 9 号——首次公开发行股票并上市申请文件》，拟上市公司需要制作的申报材料包括 10 类，内容如表 11-2 所示。

表 11-2 拟上市公司需要制作的申报材料

文件类别	具体文件名
招股说明书	招股说明书；招股说明书摘要
发行人关于本次发行的申请及授权文件	发行人关于本次发行的申请报告；发行人董事会有关本次发行的决议；发行人股东大会有关本次发行的决议
保荐人关于本次发行的文件	发行保荐书
会计师关于本次发行的文件	财务报表及审计报告；盈利预测报告及审核报告；内部控制鉴证报告；经注册会计师核验的非经常性损益明细表
发行人律师关于本次发行的文件	法律意见书；律师工作报告
发行人的设立文件	发行人的企业法人营业执照；发起人协议；发起人或主要股东的营业执照或有关身份证明文件；发行人公司章程（草案）
关于本次发行募集资金运用的文件	募集资金投资项目的审批、核准或备案文件；发行人拟收购资产（或股权）的财务报表、资产评估报告及审计报告；发行人拟收购资产（或股权）的合同或合同草案
发行人关于最近三年及一期的纳税情况的说明	发行人最近三年及一期所得税纳税申报表；有关发行人税收优惠、财政补贴的证明文件；主要税种纳税情况的说明及注册会计师出具的意见；主管税收征管机构出具的最近三年及一期发行人纳税情况的证明
成立不满三年的股份有限公司需报送的财务资料	最近三年原企业或股份公司的原始财务报表；原始财务报表与申报财务报表的差异比较表；注册会计师对差异情况出具的意见
成立已满三年的股份有限公司需报送的财务资料	最近三年原始财务报表；原始财务报表与申报财务报表的差异比较表；注册会计师对差异情况出具的意见
与财务会计资料相关的其他文件	发行人设立时和最近三年及一期的资产评估报告（含土地评估报告）；发行人的历次验资报告；发行人大股东或控股股东最近一年及一期的原始财务报表及审计报告
其他文件	发行人拥有或使用的商标、专利、计算机软件著作权等知识产权以及土地使用权、房屋所有权、采矿权等产权证书清单；特许经营权证书；有关消除或避免同业竞争的协议以及发行人的控股股东和实际控制人出具的相关承诺；国有资产管理部门出具的国有股权设置批复文件及商务部出具的外资股确认文件；发行人生产经营和募集资金投资项目符合环境保护要求的证明文件；重组协议；商标、专利、专有技术等知识产权许可使用协议；重大关联交易协议；其他重要商务合同；保荐协议和承销协议；发行人全体董事对发行申请文件真实性、准确性和完整性的承诺书；特定行业（或企业）的管理部门出具的相关意见

续表

文件类别	具体文件名
定向募集公司还应提供的文件	1. 有关内部职工股发行和演变情况的文件：历次发行内部职工股的批准文件；内部职工股发行的证明文件；托管机构出具的历次托管证明；有关违规清理情况的文件；发行人律师对前述文件真实性的鉴证意见 2. 省级人民政府或国务院有关部门关于发行人内部职工股审批、发行、托管、清理以及是否存在潜在隐患等情况的确认文件 3. 中介机构的意见：发行人律师关于发行人内部职工股审批、发行、托管和清理情况的核查意见；保荐人关于发行人内部职工股审批、发行、托管和清理情况的核查意见

拟上市公司可以对照上述表格看制作的申报材料有无遗漏，若发现遗漏，应及时制作、整理完成。

11.4.2　申请报批

中国证监会收到拟上市公司的上市申请文件后，会在 5 个工作日内做出是否受理的决定。如果同意受理，拟上市公司需要按照相关规定向中国证监会交纳审核费。

受理拟上市公司的上市申请后，中国证监会开始初审。一般情况下，中国证监会至少向拟上市公司反馈一次初审意见，主承销商与拟上市公司根据初审意见补充完善申请文件，然后第二次报至中国证监会；中国证监会对补充完善的申请文件进一步审核，并将初审报告和申请文件提交至发行审核委员会审核；中国证监会根据发行审核委员会的审核意见对拟上市公司的申请做出核准或不予核准的决定。

如果中国证监会做出核准决定，会出具核准文件；反之，出具书面意见并说明不予核准的理由。上市申请不予核准的公司可以在接到中国证监会书面决定之日起两个月内提出复议申请。中国证监会收到复议申请后两个月内重新做出决定。

2015 年 11 月 27 日，证监会发布《关于进一步规范发行审核权利运行的若干意见》，该意见指出："在正常审核状态下，从受理到召开反馈会不超过

45 天，从发行人落实完毕反馈意见到召开初审会不超过 20 天，从发出发审会告知函到召开发审会不超过 10 天。"

11.4.3　电魂网络登陆上交所，募资8.73亿元

2016 年 10 月 25 日，杭州电魂网络科技股份有限公司（以下简称电魂网络）发布公告，该公司股票将于 2016 年 10 月 26 日在上海证券交易所上市。根据 2016 年 12 月 15 日最新数据，电魂网络的股价达到 64.58 元 / 股，市盈率为 57.69，总市值为 152.09 亿元。

根据电魂网络的上市公告，该公司证券简称"电魂网络"，证券代码为"603258"。电魂网络首次公开发行新股不超过 6 000 万股，发行后的总股本为 2.4 亿股。该股票的发行价格为每股 15.62 元，每股面值 1 元，募集总金额为8.725 362 亿元。

电魂网络是一家研发、运营网络游戏的互联网公司，成立于 2008 年 9 月 1 日，注册资本为 1.8 亿元人民币，创始人兼董事长为胡建平。电魂网络主营业务包括增值电信业务、利用信息网络经营游戏产品、计算机软件、网络技术开发、国内广告发布等。

根据电魂网络披露的 2016 年 1—9 月业绩情况，公司营业收入为 3.75 亿元，同期增长了 9.16%；净利润为 1.95 亿元，同期增长了 25.29%；扣除非经常性损益后归属于母公司股东的净利润为 1.87 亿元，同期增长了 20.68%。

超高毛利率和现金流一直是游戏公司的标签，而电魂网络表现得尤其明显。根据电魂网络对外披露的财报，2011—2013 年，电魂网络的综合毛利率分别为 97.45%、97.49%、97.34%。

电魂网络如此令人艳羡的成绩均归功于《梦三国》游戏。正是这款游戏让电魂网络赚足了第一桶金，并因此发展迅速。值得一提的是，电魂网络的部分高管年薪酬将近 200 万元，这一水平远远高于同行甚至大型金融机构。高毛利率、高标准薪酬无不预示着电魂网络的巨大价值。

发行上市

取得中国证监会核准上市的批文以后，公司就可以刊登招股说明书，进行询价与路演，按照发行方案发行股票了。刊登上市公告书，在交易所安排下完成挂牌上市交易以后，企业就正式完成上市了。下面具体讲讲发行上市的流程。

11.5.1 刊登招股说明书

公司首次公开发行股票，上市交易之前需要刊登招股说明书。招股说明书包括 5 个部分，内容如图 11-4 所示。

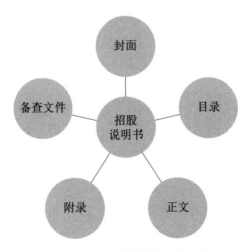

图 11-4　招股说明书的 5 个部分

拟上市公司制作招股说明书时需要注意以下问题。第一，说明风险因素与对策时，给出有效的应对之策可以增强信服力；第二，说明募集资金的运用时，具体指出资金流向了哪些项目；第三，具体介绍公司上市后的股利分配政策，让投资人和股民了解可以得到的回报；第四，给出过去至少 3 年来的经营业绩，说明公司经营的稳定性；第五，说明公司的股权分配情况，重点介绍发起人、重要投资人的持股情况；第六，预测盈利，精准预测公司未来的盈利状况直接关系到公司股票的发行情况。

发起人可以研读已上市公司的招股说明书，然后结合自身企业撰写招股说明书。一般情况下，在发出上市申请的时候，招股说明书的申报稿就已经完成。在发行上市之前，企业需要与证券交易所协商招股说明书的定稿版，然后在证券交易所官网刊登招股说明书。

11.5.2　进行询价与路演

刊登招股说明书以后，拟上市公司与其保荐机构需要开展询价路演活动，通过向机构投资者询价的方式确定股票的最终发行价格。询价包括初步询价和累计投标询价两个步骤。

首先是初步询价，即拟上市公司及其保荐机构向机构投资者推介和发出询价函，以反馈回来的有效报价上下限确定的区间为初步询价区间。

其次是累计投标询价。如果投资人的有效申购总量大于本次股票发行量，但是超额认购倍数小于 5，那么以询价下限为发行价；如果超额认购倍数大于 5，那么从申购价格最高的有效申购开始逐笔向下累计计算，直至超额认购倍数首次超过 5 倍为止，以此时的价格为发行价。在中小板上市发行股票时，基本不需要累计投标询价。

在询价期间，拟上市公司会通过路演活动向社会对拟上市公司的股票进行推广。通俗来讲，路演是指公开发行股票的公司通过公开方式向社会推介自己股票的说明会，目的是吸引投资人。路演分为三个阶段，内容如图 11-5 所示。

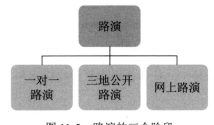

图 11-5　路演的三个阶段

首先是一对一路演。顾名思义，一对一路演是指拟上市公司和券商的资本市场部以及 IPO 项目组带着招股说明书、投资研究报告、企业宣传片、PPT 以及定制小礼物等到北、上、广、深等一线城市拜会投资人，进行一对一的沟通和推介。

其次是三地公开路演。三地公开路演一般是指拟上市公司在北京、上海、深圳三地公开召开推介会议，邀请基金、券商、资产管理公司、私募等机构投资者参加。会议内容与一对一路演相似，区别仅在于后者听众更多。

最后是网上路演。网上路演是指拟上市公司的管理层、保荐团队代表通过网上投资者互动平台回答股民针对公司上市提出的各种问题。在开展网上路演环节之前，公司股票的首日发行价已经定下来，对发行结果和网上认购数量没有多少影响。

11.5.3　刊登上市公告书并上市交易

询价与路演环节结束之后，公司就可以刊登上市公告书并进行上市交易了。上市公告书是拟上市公司在股票上市前按照《证券法》和证券交易所业务员规则相关要求向公众公告发行与上市有关事项的信息披露文件。

上市公告书的内容应当概括招股说明书的基本内容和公司近期的重要材料，主要包括以下几个部分：证券获准在证券交易所交易的日期和批准文号；企业概况；股票发行与承销情况；公司创立大会或股东大会同意公司证券在证券交易所交易的决议；公司董事、监事及高级管理人员简历和持股情况；公司近三年来或成立以来的经营业绩和财务状况以及下一年的溢利预测等文件；主要事项揭示；上市推荐意见；备查文件目录等。

国家规定："上市公司必须在股票挂牌交易日之前的三天内、在中国证监会指定的上市公司信息披露指定报刊上刊登上市公告书，并将公告书备置于公司所在地，挂牌交易的证券交易所、有关证券经营机构及其网点，就公司本身及股票上市的有关事项，向社会公众进行宣传和说明，以利于投资人在公司股票上市后，做出正确的买卖选择。"

下面一起看撰写上市公告书需要注意的问题，内容如图 11-6 所示。

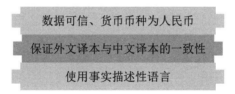

图 11-6　撰写上市公告书需要注意的问题

第一，数据可信、货币币种为人民币。上市公告书中引用的数据应当有客观的依据，并给出权威的资料来源。表述数据的数字格式应采用阿拉伯数字，货币币种应为人民币，以元、千元或万元为单位。如果使用港元、美元等货币币种，要有特别说明。

第二，保证外文译本与中文译本的一致性。拟上市公司可以根据有关规定或其他需求编制上市公告书的外文译本，但必须保证中、外文文本的一致性。另外，还需要在外文译本上注明："本上市公告书分别以中、英（或日、法等）文编制，在对中外文本的理解上发生歧义时，以中文文本为准。"

第三，使用事实描述性语言。上市公告书使用的语言为事实描述性语言，风格为简明扼要、通俗易懂。广告性、祝贺性、恭维性或诋毁性的词句是禁止使用的。

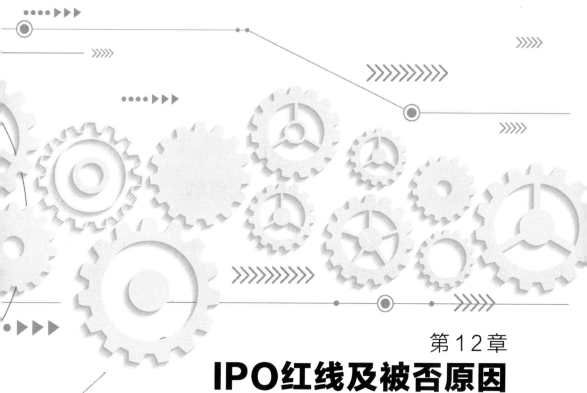

第 12 章

IPO红线及被否原因

  截至 2016 年 4 月 6 日，我国共有 68 家企业的 IPO 首发申请接受中国证监会发审委审核，其中 65 家获通过，2 家未通过，1 家取消审核，IPO 通过率为 95.59%。而 2015 年全年首发企业上会数量共有 272 家，其中通过的有 251 家，15 家未通过，另有 6 家有其他情况，IPO 通过率为 92.28%。相比之下，2016 年前三个月的过会率比 2015 年上涨了三个百分点。本章将具体介绍导致企业不能成功过会的五大红线以及 IPO 被否的四类原因。

12.1

警惕 IPO 五大红线

一些企业为了成功上市，可能会采用一些非法手段对企业不满足上市要求之处进行掩饰修改，这样做不仅会导致企业最终上市失败，还会损害企业的名誉。下面一起看看企业需要警惕的 IPO 五大红线。

12.1.1 粉饰财务报表

IPO 第一大红线是粉饰财务报表。粉饰财务报表的操作手法有三种，内容如图 12-1 所示。

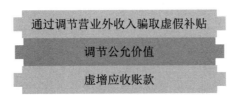

通过调节营业外收入骗取虚假补贴

调节公允价值

虚增应收账款

图 12-1 粉饰财务报表的操作手法

拟上市公司需要避免上述三种操作，避免在后续审核过程中出现问题，损害企业的名誉。有些企业通过粉饰财务报表通过了中国证监会的首发审核。然而，当中国证监会进行"财务打假"时，这些企业便站不住脚了。

一家拟上市公司或因粉饰财务报表，上市申请即将被否之前退出了 IPO 竞逐。他们说自己退出上市竞逐是因为常年来业绩持续下滑以及财务数据的重大变动。然而若是在中国证监会宣布开展 IPO 再审企业财务报告专项检查工作的前一天退出，是不是太巧合了。

对于企业在公告中特别突出"主动""为了公司长远发展"等原因退出 IPO，更多业内人士认为该企业这么做可能是无奈之举。主要观点认为："他们可能考虑到中国证监会针对 IPO 再审企业的财务打假可能会伤到公司；另外，经历了长期的过而不发，公司在财务数据上可能真如公告所说存在很大的变动。"

对企业来说，上市是发展到一定规模水到渠成的事情。如果采取一些非法手段，即便通过了审核，可以上市，但在后期发展过程中还会出现更多问题。

12.1.2 夸大募投项目前景

IPO 第二大红线是夸大募投项目前景。夸大募投项目前景的操作手法也有三种，内容如图 12-2 所示。

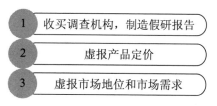

1 收买调查机构，制造假研报告
2 虚报产品定价
3 虚报市场地位和市场需求

图 12-2 夸大募投项目前景的操作手法

上述三种操作都有可能导致上市被否，企业需要警惕。绿城水务 2011 年 11 月上市被否的原因就是夸大募投项目前景。

根据中国证监会的公示，绿城水务因"募投项目盈利能力存疑"问题上市被否。绿城水务募投项目投资总额为 10.33 亿元，其中，8.77 亿元用于污水处理项目。然而公司的污水处理收入是根据自来水用水量及物价部门核定的污水处理费单价确定，因此，中国证监会认为该部分募投项目的达产不仅不能增加利润，还有可能会造成收入下降。

2012 年 9 月，绿城水务再次申请上市，再一次失败。2014 年 4 月，绿城水务在第三次申请上市时有了前两次的经验，这一次申请很轻松便成功了。绿城水务于 2015 年 6 月 12 日在上海证券交易所正式挂牌上市，首日开盘价为 7.72 元 / 股。

12.1.3　故设关联交易迷宫

IPO 第三大红线是故设关联交易迷宫。故设关联交易迷宫是指拟上市公司通过与关联公司进行关联交易，以不公允的价格买卖产品，调节收入或支出报表。故设关联交易迷宫的操作手法有三种，内容如图 12-3 所示。

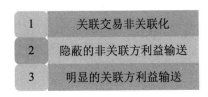

1	关联交易非关联化
2	隐蔽的非关联方利益输送
3	明显的关联方利益输送

图 12-3　故设关联交易迷宫的操作手法

第一种操作手法是关联交易非关联化。关联交易非关联化是拟上市公司试图财务造假时首先想到的方法，这种方法比较隐蔽。

具体来说，拟上市公司首先会把关联公司的股权转让给第三方，这样达到非关联化的表象。然后，拟上市公司会与转让后的公司展开隐蔽的大宗交易。

独立资深财务人员孙金山评论说："通过关联交易非关联化的处理，既可以增加收入，也可以提高毛利率，还可以变相冲减费用。具体的操作方法可以有很多种，比如原关联企业向拟上市公司低价提供原材料，或高价购买产品，或对企业财务费用进行报销等。"

中国证监会在审核过程中，一般会关注企业交易的程序以及交易价格。如果交易价格与公允价格相差较多，中国证监会就会认定拟上市公司存在关联交易非关联化问题，然后否决其上市申请。

第二种操作手法是隐蔽的非关联方利益输送。拟上市公司为了规避对重大关联交易进行详细披露的义务，可能会采取隐蔽的、灰色的非关联方交易方式，以实现利润操纵。此类手法包括供应商减价供应、经销商加价拿货甚至囤货、员工减薪、股东通过非法业务为拟上市公司报销费用或虚增收入等。

在实际操作中，拟上市公司会向经销商、供应商或员工等关联利益方承诺，一旦企业成功上市就向他们进行利益补偿，因此，双方往往可以达成一致，从而进行隐蔽的利益输送。

对于此类操作手法，如果企业的进货或者销售价格不符合市场平均水平，中国证监会就会要求保荐机构以及企业做出核查和充分解释；如果企业存在明显的税务依赖问题，中国证监会也会拒绝该企业的上市申请。

第三种操作手法是明显的关联方利益输送。一些拟上市公司虽然知道利用关联交易进行利益输送以达到上市财务要求是无法通过中国证监会审查的，但是还存在侥幸心理。

比如，拟上市公司多次与关联公司股东签订大额销售合同，多次向关联公司低价购买专利等。这是非常明显的关联方利益输送，最终会被中国证监会认定为"缺乏独立性且涉嫌不当的关联交易"。

12.1.4　故意瞒报内控事故

IPO 第四大红线是故意瞒报内控事故。瞒报内控事故是指拟上市公司通过隐瞒内部控制混乱、管理问题以及安全事故等公司问题而获取上市资格。

一家拟上市公司因为无法向中国证监会证实自身对加盟店的管控能力，所以上市被否了。该公司在三年内的加盟店收入分别调减 2 亿多元，后来公司声称，原因是部分加盟店没有使用公司品牌开展经营或者同时经营其他品牌导致的。然而中国证监会发审委认为，经历如此重大的调整，公司对加盟店管控制度的有效性无法证实，故否决了其上市申请。

另外，有的拟上市公司发生重大安全事故，导致数名员工死亡，却通过瞒报信息获得了上市资格。中国证监会据此认定这种公司不具备上市资格，上市失败是注定的。

12.1.5　隐藏实际控制人

IPO 第五大红线是隐藏实际控制人。隐藏实际控制人指的是通过复杂的股权转让操作、分散的股权设置和极度分权的董事会达到让外界看不清实际控制人的目的。

对于这一问题，中国证监会会重点审查拟上市公司的主体资格。如果发

现拟上市公司隐藏实际控制人，中国证监会就会以主体资格不符合上市要求为由否决拟上市公司的上市申请。

近年来，被否企业主体资格问题主要表现在 4 个方面，内容如图 12-4 所示。

图 12-4　被否企业主体资格问题的主要表现

除了上述 4 种表现，一些企业还因为股权结构复杂、分散让人看不清实际控制人，也导致了上市被否。

有的公司在上市申请报告期内发生管理层变化，不仅多名董事被替换，还涉嫌隐藏实际控制人，只有几个持股超过 10% 的股东。可想而知，这样的公司最终上市被否。对拟上市公司来说，管理层必须有一定的连续性和稳定性。

12.2
IPO 被否三大原因

拟上市公司的上市被否主要有三大原因，分别是财务指标有异常、信息披露有瑕疵和独立性存在疑问。下面详细介绍这三种被否原因。

12.2.1　财务指标有异常

与以前相比，中国证监会对拟上市公司的"持续盈利能力"这一条件有所放宽，但是很多公司依然因为这一问题上市被否。财务会计数据是拟上市公司披露的基础性信息，必须真实准确完整。12.1 节中讲到一些拟上市公司通过粉饰财务报表、故设关联交易迷宫等使得财务指标达到上市要求最终被否，还有少数公司因为财务指标异常却没有合理解释导致被否。

《首次公开发行股票并上市管理办法》第二十三条规定："发行人会计基础工作规范，财务报表的编制符合企业会计准则和相关会计制度的规定，在所有重大方面公允地反映了发行人的财务状况、经营成果和现金流量，并由注册会计师出具了无保留意见的审计报告。"

分析近年来拟上市公司上市被否的情况可知，因为销售毛利率异常、经营活动净现金流与净利润差异明显导致上市被否的公司非常多。

例如，中国证监会对一家拟上市公司上市被否的原因表述为："你公司2009年、2010年净利润合计为48 572万元，而同期经营活动净现金流合计仅为24万元，你公司净利润与经营活动净现金流存在明显差异；同时，你公司报告期的存货周转率逐年下降，毛利率逐年上升，你公司在申报材料中的分析不足以充分说明上述现象的合理性。"

另一家公司上市被否的原因为："创业板发审委在审核中关注到，你公司存在以下情形：2009—2011年，你公司硬件产品销售收入分别为883.74万元、3 275.60万元和8 404.40万元，占营业收入比例分别为23.22%、39.00%和67.71%，销售毛利率分别为-10.83%、4.73%和30.64%。你公司对报告期内硬件产品销售毛利率大幅上升的原因及其对财务报表的影响未能做出合理解释。"

对于两家拟上市公司来说，必然知道自己财务指标异常的原因，却依然怀有侥幸心理，以为可以逃过中国证监会的法眼。给大家的启示是，遵守相关法律法规，在企业不满足上市条件的情况下不要急于上市。

12.2.2　信息披露有瑕疵

上市对企业的持续盈利能力要求有所降低，但是对信息披露的准确性和完整性要求越来越高了。信息披露问题主要表现在4个方面，内容如图12-5所示。

有一家拟上市公司使用的商标与前身已经注册的商标非常相像，却没有在招股说明书和现场陈述时说明两者之间的关联关系，所以中国证监会否决了

其上市申请。

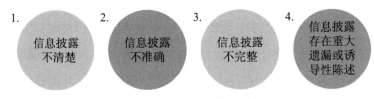

图 12-5　信息披露问题的主要表现

　　另外一家企业自创建之初便使用了动态的股权结构体系。具体来说，公司管理层以及员工股东分为三档，每退一个档次，所持有的 50% 的股份将折让给公司作为共有股权。在这种情况下，该公司在上市申报材料中对历次股权转让的原因披露不准确、不完整、不清楚，还存在未披露股东代持股份的情况，所以中国证监会直接否决了其上市申请。

12.2.3　独立性存在疑问

　　独立性存在疑问是拟上市公司上市被否的另一个重要原因。关联交易、同业竞争等都会导致独立性问题。

　　由于独立性是影响企业持续盈利能力的最核心因素，所以中国证监会将公司独立性作为审查重点。中国证监会明确提出："拟上市公司应该与控股股东、实际控制人及其控制的其他企业保持资产、人员、财务、机构和业务的独立。"业内人士将 5 个方面的独立称为"五分开"。

　　独立性问题一般分为两种：一是对内独立性不足；二是对外独立性不足。对内独立性不足表现为公司对独立股东的依赖，发生资金占有、公司治理结构不健康、产生关联交易、同业竞争等问题。

　　对外独立性不足表现为对其他公司的依赖，包括在商标、技术、客户、业务或市场方面对其他公司的严重依赖。如果存在对其他公司的严重依赖，公司会陷于极大的被动地位，持续盈利能力难以保证。

　　当然，成功上市的企业也有可能存在或多或少的独立性问题。但只要中国证监会认为没有大碍，依然可以成功上市。

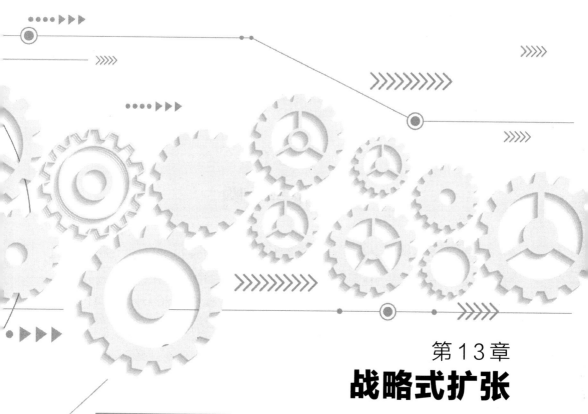

第13章

战略式扩张

　　企业发展到一定规模后，需要将扩张上升到战略层面，指导企业发展壮大。扩张战略分为三种，分别是兼并与收购战略、多元化经营战略和一体化战略。不同企业适合的扩张战略也不同，所以创业者需要对扩张战略进行了解。

兼并与收购

美国著名经济学家乔治·斯蒂格勒 （George Joseph Stigler）说："通过并购其他竞争对手成为巨型企业是现代企业成长的规律。"在三种扩张战略中，兼并与收购战略是实现企业扩张与提升市场占有率最快的一种。阿里巴巴 56 亿美元现金收购优酷土豆便是这一扩展战略主导下的行为。

13.1.1 资金实力雄厚

实行兼并与收购战略对企业自身有三个要求，不是所有的企业都适合。我们先说第一个硬性指标要求。

企业要想通过兼并与收购实现快速扩张，必须要拥有足够强大的资金实力。要想得到首先要付出，兼并与收购之所以能够帮助企业快速扩张壮大规模，是因为企业花费庞大的资金成本直接收购了一些已有规模的业务回来。

下面来看一下国美 2005—2007 年的兼并与收购历史，内容如表 13-1 所示。

表 13-1 国美的兼并与收购历史

时　间	事　件	收购金额
2005 年 4 月	国美收购哈尔滨黑天鹅	1.2 亿元
2005 年 8 月	国美收购深圳易好家	2 000 万元
2005 年 11 月	国美收购江苏金太阳家电	1 亿元以上
2006 年 7 月	国美收购上海永乐电器 90% 股份	52.68 亿港元
2007 年 12 月	国美收购北京大中电器	36.5 亿元

从 2005 年开始到 2007 年年末，国美连续 3 年收购了 5 家企业，包括哈尔滨黑天鹅、深圳易好家、江苏金太阳家电、上海永乐电器、北京大中电器。一系列的兼并与收购行动使得国美从中国家电连锁零售企业 30 强企业一跃成为中国家电零售企业第一。自此，家电行业形成了国美、苏宁寡头对战的形势。如果不是实施了兼并与收购的扩张战略，国美大概不会成为与苏宁、京东抗衡的大型家电零售企业。

3 年兼并 5 家企业，国美耗费了将近 100 亿元资金。如果国美没有这么雄厚的财力，这条并购路自然是走不通的，还有可能会被耗死。

回归正题，如果企业试图利用兼并与收购战略实现快速扩张，首先要考虑一下自己究竟有多少财力可以支持企业将这一模式走到底。

13.1.2 整合能力强大

除了强大的资金实力，实施兼并与收购战略还要求企业具有强大的整合能力。即便企业的资金实力雄厚，有能力收购其他企业的业务，但是收购回来之后呢？兼并与收购的最终目的是吸收收购回来的业务，将其与企业原有业务整合，协同发展。这就要求企业具有强大的业务整合能力，使得收购回来的业务健康发展，为企业创造盈利。

如果仅仅是把业务兼并回来，但是没有整合能力，浪费了收购成本不说，还会成为拖累企业的包袱，成为一个失败的兼并案例。

2012 年，腾讯花费 2 亿元资金全面收购了电商消费服务网站易迅网。腾讯本想整合易迅与 QQ 网购，与阿里巴巴、京东对抗，最终以失败告终。最后，腾讯以 10% 易迅股权 +QQ 网购 + 拍拍网换来了京东上市之前的15% 股份。

腾讯天生缺乏"电商基因"，所以很难实现做电商的价值。试图整合电商业务是腾讯对自身发展方向的错误判断，所以兼并易迅网才成为一个不成功的兼并案例。如果自身对拟收购业务的整合能力不强，必须谨慎使用兼并与收购战略。

13.1.3　进攻目的清晰

实行兼并与收购战略对企业的第三个要求是有清晰的进攻目的。企业应当清楚地判断出当前的发展阶段，然后确定清晰的进攻目的。

例如，国美实行兼并与收购战略之前对自身的认识非常清楚，国美实行兼并与收购战略的目的就是追求规模效益。而且要想赶超苏宁，打入国外市场就必须快速扩张。只有这样，国美才有资本与苏宁以及国外市场进行竞争。

因此，在激烈的市场竞争中，一些发展强势的企业要谨慎对待兼并与收购模式的诱惑，理性分析自己的企业是否到了快速扩张的阶段。如果在合适的阶段进行适当的兼并与收购，它可以是助跑企业发展的加速器。但如果阶段不合适，兼并与收购会成为企业走向灭亡的催化剂。

对于大部分企业来说，实施兼并与收购战略都需要满足上述三个要求。而涉及上市公司，实施并购还需要遵守《上市公司收购管理办法》和《上市公司重大资产重组管理办法》。《上市公司收购管理办法》的意义在于规范股东收购上市公司的控制权，《上市公司重大资产重组管理办法》的意义在于规范上市公司通过并购或者出售资产来整合自身资产和负债，以及各项业务。

在两个法规的基础之上，证券市场还有与之配套的披露准则。《上市公司收购管理办法》的配套披露准则是《上市公司回购社会公众股份管理办法》。另外，证券交易所还有相应的回购规则、规范运作指引，登记公司也需要遵守相应的登记规则。

对于上市公司来说，信息披露是重大资产重组过程中的重要事项。对此，中国证监会专门制定了一个法规，名称为《上市公司信息披露管理办法》。在此基础上，上海证券交易所和深圳证券交易所对于重大资产重组的停复牌以及如何做好信息披露都有各自的规范指引文件。

2016 年 9 月 9 日，中国证监会正式发布《关于修改〈上市公司重大资产重组管理办法〉的决定》并于发布当日起施行。本次修改规定的意义在于进一步贯彻落实"依法监管、从严监管、全面监管"的理念，强化上市公司的收购重组行为规范度。

本次修改文件的主要修改内容有三个：一是完善了重组上市的认定标准，

包括上市公司控制权变更的认定标准、购买资产规模的判断指标、明确累计首次原则的期限为 60 个月等；二是完善了相关配套监管措施，抑制"炒壳"投机行为；三是按照全面监管的原则强化上市公司和中介机构的责任，加大了问责力度。

为了促进《关于修改〈上市公司重大资产重组管理办法〉的决定》顺利实施，中国证监会还同时公布了《〈上市公司重大资产重组管理办法〉第十四条、第四十四条的适用意见——证券期货法律适用意见第 12 号》。还有一些信息披露内容与格式准则也在修订中，很快就会与大家见面。

并购本来就是一件复杂的事情，涉及上市公司更是如此。一旦上市公司实行了兼并与收购战略，不仅需要从自身具体情况出发选择并购对象，还需要在证券市场监管之下合法合规完成并购事宜。

13.1.4 阿里巴巴的兼并收购之路

通过分析阿里巴巴的扩张之路，可以看出阿里巴巴奉行的是兼并与收购的扩张模式。下面一起看阿里巴巴的扩张历程。

1999 年年初，马云和最初的创业团队筹集了 50 万元，在杭州创建了阿里巴巴。阿里巴巴最初的创业团队除了马云之外，还有他曾经的同事、学生以及被他吸引来的各路精英。比如，阿里巴巴的首席财务官蔡崇信就辞去了一家投资公司的中国区副总裁的头衔和 75 万美元的年薪，来马云的团队领几千元的年薪。

当时，马云对大家说："我们要办的是一家电子商务公司，我们的目标有三个：第一，我们要建立一家生存 102 年的公司；第二，我们要建立一家为中国中小企业服务的电子商务公司；第三，我们要建成世界上最大的电子商务公司，要进入全球网站排名前 10 位。"

阿里巴巴创建之初非常小，但是靠着过硬的实力逐渐有了一些名气。有了一定名气后，阿里巴巴的钱用完了。马云开始频繁接触投资人，但是宁缺毋滥，尽管资金短缺，马云依然拒绝了 30 多个投资人。马云后来表示，他希望阿里巴巴的天使投资人不仅为阿里巴巴带来钱，还应当提供更多的资源，包括

后续的风险投资和其他海外资源等。

然后，马云通过阿里巴巴 CFO 蔡崇信的关系接触到了高盛等投资银行。以高盛为主的一批投资银行决定向阿里巴巴投资 500 万美元，这笔天使投资让阿里巴巴暂时渡过了难关。随后，更多的投资人注意到了马云和阿里巴巴。

1999 年后半年，日本软银总裁孙正义表示将给阿里巴巴投资 3 000 万美元，占 30% 的股份。马云认为钱太多，最终只接受了 2 000 万美元。

2000 年，资本市场进入了熊市寒冬，很多互联网公司陷入了困境甚至倒闭。但是，阿里巴巴却保全了自己，这与阿里巴巴拿到 2 500 万美元的天使资金有直接关系。

到了 2001 年，许多互联网公司已经去美国上市融资了，而马云却宣布阿里巴巴短期内不会上市。马云表示，在阿里巴巴做得足够大之前，不打算上市。

2003 年，阿里巴巴发展迅速。外界认为阿里巴巴上市时机来了，但是马云又一次放弃了。尽管马云希望阿里巴巴可以早一些上市，但是阿里巴巴创建时间为 4 年，员工平均年龄为 27 岁，公司的实力还不够强，所以马云认为阿里巴巴需要继续等待。

马云说："阿里巴巴盈利非常好。公司就像结婚一样，好不容易有了好日子，生个孩子又苦了。所以我们打算结婚后多过几天好日子。今天我觉得我们自己的内功还有待加强。我向往着上市，并没有不屑一顾。如果今年上市只能支撑 10 元的股价，而 3 年后可以达到 30 元，那就要等到 3 年后再上市。"

2004 年的时候，阿里巴巴成为行业龙头老大，并获得软银第二次注入的 8 000 多万美元资金，人们以为阿里巴巴这次应当会上市。当时，e 龙、金融界、51job 先后在美国上市，又一次引发了人们对阿里巴巴上市问题的关注。但马云还是认为阿里巴巴上市最好的时机没有到来。他将完善阿里巴巴、提高客户服务水平作为当前工作的重点。

马云说："对眼下的阿里巴巴而言，做大做强比上市更迫切，与其迫于竞争压力和舆论压力被动上市，不如不上市。"同时，马云认为不上市也是有优势的，他说："不上市你面对的是 5 个投资人，你上市就要面对 5 000 个投资人。上市后不可避免地要应付每个季度的报表，它可能会让我们放弃更长远的策略。"

2005 年，阿里巴巴将雅虎中国收购，同时获得雅虎 10 亿美元注资。人们认为马云收购雅虎中国的目的就是为阿里巴巴上市做准备。然而，马云再一次否定了人们对阿里巴巴即将上市的猜测。阿里巴巴想要做一个 100 年的大公司，而如今阿里巴巴才走过 6 年，还比较年轻，如果贸然上市，可能会因为年轻而付出代价。

此外，马云还考虑到阿里巴巴当前的业务不够大，算不上是一家大企业。2004 年中国进出口总额为 1 万亿美元，而阿里巴巴只占据了其中的 100 万美元。在中国 1 300 万家企业中，阿里巴巴的客户有 700 万家。由此可知，阿里巴巴还有很大的发展空间，危机和挑战也同时存在。

2006 年 10 月，阿里巴巴花费近 600 万美元收购了口碑网。直到 2007 年，阿里巴巴的市场占有率越来越大，信息流、物流、资金流都有了很大发展。为了获得电子商务的长远发展，马云开始决定上市。对阿里巴巴来说，为企业建立产业链进行融资，上市是最好的选择。

在香港上市对阿里巴巴来说，是第三次战略大融资，也是阿里巴巴第一次通过上市直接融资。阿里巴巴在香港的成功上市，拉开了阿里巴巴在全球范围内扩张的序幕，阿里巴巴开始进军世界互联网前三甲。

对于阿里巴巴在香港的上市，马云说："上市只是一个加油站，目的是为了走得更远。阿里巴巴上市的最大意义在于获得一个持续融资的机会，重建一个与投资人、利益相关者分享回报的利益机制。此次上市不仅为阿里巴巴加满了资本的'油'，而且也为其带来了不少将才，这也有助于阿里巴巴加速国际化进程。"

2007 年 4 月，阿里巴巴在香港设立客户服务中心和消费中心，并宣布很快进入台湾。此外，阿里巴巴将欧洲总部设立在日内瓦，从过去以中国产品出口为主的电子商务模式转换为真正实现国际贸易的电子商务交易平台。这些举措，都是阿里巴巴在为融入世界顶级企业圈做准备。

2009 年 9 月，阿里巴巴花费 5.4 亿元收购中国万网 85% 服务。自此，阿里巴巴开始涉及域名、主机服务、网站建设与网络营销等服务。

2010 年，阿里巴巴旗下百世物流收购汇通快运 70% 股份，低调投资物流业。

2012 年 6 月，阿里巴巴 B2B 业务从香港退市。根据马云的安排，阿里巴

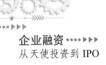
巴集团将在未来谋求整体上市。

2012 年 11 月，阿里巴巴收购丁丁网。

2013 年 1 月，阿里巴巴收购虾米网。

2013 年 4 月，阿里巴巴花费 5.86 亿美元收购新浪微博 18% 股份。

2013 年 10 月，阿里巴巴花费 11.8 亿元收购天弘基金 51% 股份。

2013 年 6 月，阿里巴巴联合天弘基金推出余额宝。

2014 年 1 月，阿里巴巴花费 13 亿港元收购中信 21 世纪 54.33% 股份，涉及电子监管类信息服务。

2014 年 2 月，阿里巴巴花费 14 亿美元全面收购高德。

2014 年 9 月 19 日，阿里巴巴在美国纽交所成功上市。根据阿里巴巴的上市发行价格，阿里巴巴上市融资额达到 250 亿美元，其市值达到 1 680 亿美元。

截至 2016 年 11 月，阿里巴巴的市值已经将近 2 540 亿美元，创始人马云身价超过 370 亿美元，晋升为亚洲新首富。

通过阿里巴巴的发展历程，可以发现阿里巴巴对兼并与收购的模式运用可谓淋漓尽致。这么一条漫长的扩张之路，使如今的阿里巴巴成为中国名副其实的最大的电商企业。可以预见，阿里巴巴将在这条兼并收购扩张的路上继续前进。

13.2
多元化经营

多元化经营战略又称多角化经营战略，是指企业同时经营两种以上用途不同的产品或服务的发展战略。很多企业都实施了多元化经营战略，包括苹果、小米、万达等。实行多元化经营战略的风险大，如果操作失误，甚至有倒闭风险。因此，企业在实施多元化经营战略时需要注重做好主业，注意共同效应，通过商标延伸以及塑造使多元化战略取得明显成效。

13.2.1 前提是将主业做好

主营业务为企业带来了主要收入，是企业生存和发展的主要源泉和基础。企业应当首先将熟悉和擅长的主营业务做好，追求最大的市场占有率和经济效益，在此基础上兼顾多元化。

国内外企业扩张实践也证明，那些实行多元化经营战略进行业务扩张，但是依然以原有业务为中心的企业比其他形式的企业取得了更大的经营业绩。如果主营业务和主导产品发生问题，企业的所有业务和产品都会受到打击。下面是做主营业务需要注意的 5 个问题，内容如图 13-1 所示。

1. 生产操作流程化

2. 追求核心产品价值最大化

3. 定位目标市场

4. 有效运营财务数据

5. 各职能部门与岗位设置相互配合

图 13-1　做主营业务需要注意的 5 个问题

1. 生产操作流程化

企业刚刚起步的时候，企业内外部环境还不够稳定。这时企业应当将生存下去作为主要目标。通过优质的产品提升企业的核心竞争力，打下市场是企业当下最迫切的任务。而这一切的基础是生产操作流程化、标准化。对企业来说，应当用数字化、时间化、品质化衡量生产工艺的每一步操作过程。

2. 追求核心产品价值最大化

产品是企业发展的内在依据，质量是企业的灵魂。产品的价值在于满足消费者的需求，优质产品是企业在任何时候都应该追求的目标。不管企业有几种产品，必须要打造一种具有核心竞争力的产品。所以，企业应当根据自身实

力和特点，结合市场的需求，开发出独具特色的产品，为多元化经营做坚实的准备。

企业要想将产品做好，最初的产品品种应当要少。只要对一两种产品追求极致，打造品牌产品，企业就能打造出核心竞争力。麦当劳的成功来源于其快餐业务的专注；宝马的成功来源于其致力于卓越轿车的打造。企业要想做到每一种产品都受到消费者的钟爱，就必须把握产品的质量。

3. 定位目标市场

市场是企业实现价值的场所。做好市场调研与预测是打开产品目标市场的前提。企业要充分考虑自身具体情况确定目标市场，不要好高骛远，也不要做没有意义的事。总之，企业应及时把握市场动态，果断做出正确的决策。

例如，1974 年，美国吉列公司通过市场调查发现女性对剃须刀有着潜在的巨大需求。吉列公司抓住了市场机遇，采用逆向思维方式，开发了女性剃须刀市场，获得了轰动式效应。企业最初开拓市场后，与客户保持良好的关系，加强客户的忠诚度，使其成为企业非常重要的口碑传播者。企业家普遍认为，维持市场往往比占领市场更艰难。

4. 有效运营财务数据

财务的最大特点就是企业活动的数字化，它记录了企业发展过程中的所有数据。有效运用财务数据系统是将企业主营业务做好的必然要求。分析财务数据可以反映企业各部门的绩效、各环节的实际运行效能。财务管理是企业管理的重要组成部分，财务报告应当做到透明化、精确性，真实反映企业的每一项经营活动。财务分析评价的根本目的是从中发现问题、找到规律、得出启示，为企业管理者的决策提供定量依据。

5. 各职能部门与岗位设置相互配合

将主营业务做好，对企业管理的要求是各职能部门与岗位设置要相互配合，做到人尽其职、职尽所能。管理者在设置职能岗位时要本着合理化原则，协调各个部门、环节、管理层之间的冲突。管理者要想将企业管理好就应当挖掘出员工的最大潜能，通过激励制度，让员工保持工作的主动性、积极性。

　　管理者要控制企业项目的实施，建立高效的绩效反馈机制和冲突处理机制，避免杂乱无章、岗位空缺、员工冗杂。有效的企业管理机制可以创造竞争与和谐的工作氛围，既让员工感到工作的压力和责任，又让其充满自信心。

13.2.2　注意共同效应

　　共同效应也叫作"协同效应"，是企业实施多元化经营战略的过程中，不同的经营环节、不同的经营阶段以及不同的方面都使用相同的企业资源，包括原材料、技术、设备、信息、人才、市场、管理等，最终产生整体效应。共同效应表现在三个方面，内容如图 13-2 所示。

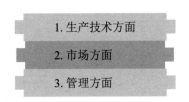

1. 生产技术方面

2. 市场方面

3. 管理方面

图 13-2　共同效应表现的三个方面

　　第一，生产技术方面。生产技术方面的共同效应是指在利用原材料、零部件、机器与设备、设计与开发、工艺、工程技术人员等资源时具有整体性。生产技术方面的共同效应有助于企业降低开发和生产成本、提高技术、生产水平。

　　第二，市场方面。市场方面的共同效应是指利用销售渠道、用户、营销手段等方面的相互促进作用，使得新产品在原有产品的带领下打入市场，并让新产品为原有产品开拓新市场。原有产品和市场的示范作用以及新产品的开拓作用可以在一定程度上降低营销费用，增加盈利和市场占有率。

　　第三，管理方面。管理方面的共同效应是指管理的标准、方法、手段以及内涵风格比较一致，从而减少管理人员熟悉新的产品、业务、技术、信息和市场上的时间和精力，提升管理效率。

　　实施多元化经营战略的企业如果能够有效利用共同效应，不仅可以降低成本，还能降低风险，有利于企业内部结构的健康发展。

13.2.3 进行有效的商标延伸以及塑造

实施多元化经营战略要求企业进行有效的商标延伸以及塑造。因为要生产新产品，进入新市场，面对新用户，所以存在一个现有的商标形象被用户重新认识的过程。

如果企业不能将现有的商标形象与新产品联系起来，用户会保留在过去的习惯认知上，这对于企业的多元化发展是非常不利的。那么，如何进行商标延伸以及塑造呢？

商标延伸以及塑造考虑的主要因素是品牌核心价值的包容性。当一个商标被大众认识后，它一定具备某种独特的品牌核心价值。如果这一核心价值能够包容企业拓展的新产品和市场，就可以进行商标延伸以及价值塑造。

万宝路就是一个成功的商标延伸以及价值塑造案例。万宝路从香烟延伸到牛仔服、牛仔裤、腰带、鸭舌帽，都被大众所接受的原因是万宝路的核心价值是男人气概和冒险精神。尽管这些产品与香烟没有什么联系，商标延伸也能够成功。而万宝路之所以没有延伸到西服品类，就是因为西服品类的"绅士风度"与万宝路的"男子气概和冒险精神"核心价值相背离。

13.2.4 盲目带来毁灭性失败

历史上，我国多元化经营失败的例证很多，德龙系、格林柯尔系等崩盘都被业内人士当作反面教材。多元化经营本身没有问题，但是不顾自身条件，盲目追求多元化经营，搞过度的多元化，就有可能给企业带来毁灭性失败。

企业在决定是否要增加品类，实行多元化经营的时候，存在一个先做大还是先做强的问题。先做大还是先做强决定着一个企业的取舍战略。有些企业急功近利，扩张过度，导致最后走向失败。

一提到"三九"，人们就会想到一个庞大的商业帝国。在中国中药企业中，赵新先打造的三九集团是唯一一个把年产值做到超过 100 亿元的企业。然而三九集团前总裁赵新先于 2005 年被深圳检方刑拘，并于 2007 年被深圳罗湖区人民法院以"国有公司人员滥用职权"罪判处有期徒刑一年零十个月的事件轰动了全国。

三九集团最初只是一家资产不到500万元的企业，但在赵新先的带领下，三九集团的产品曾经风靡全国，拥有三家上市公司和数百家直属企业，资产达到200多亿元。赵新先有着近乎痴迷的世界500强情结，试图建立起一个中国的通用电气。不过，最后这样一家明星企业，在草率扩张的多元化路上栽了大跟头。

三九集团从一家单纯的制药企业在不到5年的时间里裂变成一个涉及商业、农业、酒业、媒体、房产、食品、饭店、汽车的庞然大物。截至2003年，三九集团共欠下银行贷款98亿元，陷入巨额财务危机。2008年1月，国务院国资委下发正式通知，三九集团并入华润集团成为全资子公司。2008年6月，赵新先出狱并低调出任没有名气的南京小营药业公司顾问。

企业就好比一个庞大的生态系统，采购、生产、销售、仓储、物流、经销商等环节构成了一个循环链。企业经营的产品越多就越不容易管控，而且还会占用更多的资源，甚至无法保证产品品质。这与打仗的道理是一样的，在兵力资源一定的情况下，战线越长，战争胜利的概率就越小。因此，企业不能片面地认为多元化经营只有好处。实际案例告诉我们，在激烈的市场竞争中不贴合规律、盲目的多元化经营常常不能抵御市场风险。下面看一下多元化经营战略可能给企业带来的三方面风险，内容如图13-3所示。

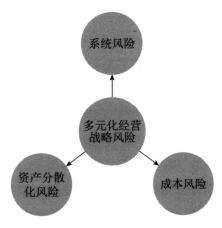

图13-3 多元化经营战略的三方面风险

1. 系统风险

多元化经营战略决定了企业需要应对多种多样的产品和市场。不同的产品在生产工艺、技术开发以及营销手段等方面各不相同。而不同的市场在开发、渗透、进入等方面也有着很大的区别。

所以说，企业实施多元化经营战略以后，生产、技术、营销、管理人员需要重新熟悉新的工作领域，掌握新的业务知识。另外，随着多元化经营战略的深入，企业内部原有分工、协作、职责以及利益平衡机制都会被打破。这样一来，企业管理与协调的难度增加，如果资源重新配置工作没有做好，企业的竞争力将会下降。

2. 资产分散化风险

企业资源是一定的，如果产品和市场增多，那么企业的生产经营单位就会分散，相对应的，资源也会更加分散。在这种情况下，企业的主营业务以及原有的核心产品很容易受到影响，被竞争对手赶超。

3. 成本风险

成本风险即代价风险。实施多元化经营战略是有成本的，如果企业斥巨资进入一个新市场，而新市场产生了负盈利，那么企业付出的代价不仅仅是新市场的亏损，还有当初进入新市场的成本。

一些企业领导者因为相信"把鸡蛋放在不同的篮子里最安全"，所以通过实施多元化经营战略降低经营风险。但是更进一步考虑，每一个放鸡蛋的篮子都是需要成本的，那么多元化经营真的降低了经营风险吗？答案是不确定的。因此，企业实施多元化经营战略需要进行综合比较。

13.2.5　多元化造就万达数千亿商业帝国

多元化发展已经成为万达的商业模式，无论是地产行业的引领风云，还是影视行业的逐步推进，都显示出万达强劲的综合实力。而万达又有了新的发展规划，在电商领域也准备大展拳脚。

2014 年，中国房地产业告别了"黄金 10 年"，而万达却迎来最好的时期。作为全球最大的商业不动产公司，商业地产板块于 2014 年 12 月 23 日在港交所成功上市，困扰多年的资本问题迎刃而解。作为全球最大的电影院线公司，万达院线也于 2015 年 1 月 22 日在深交所上市。

此外，万达在消费、旅游、文化产业领域的资产也令人吃惊，万达百货、万达宝贝王、大歌星 KTV 等品牌都快速崛起。如今的万达已经不是一个简单的房地产企业，当初那个只做房产的万达已经变成了既做房产也做内容产业的万达。

在 2009 年之前，万达并不是房地产企业中的明星企业。2007 年上市的碧桂园、2009 年上市的恒大都是有着上亿平方米巨量土地储备的住宅开发公司，并因为改写了中国首富的纪录而一夜爆红。在 2008 年之前，万达广场只有 11 家店，而截至 2014 年年底，万达广场的数量达到 100 多家，比 6 年前增长了 10 倍。万达广场占据着中国一、二、三线城市的核心地段，并且在 2015 年上半年成为全球最大的商业不动产企业。

在业内人士看来，这样的发展速度是不可思议的。万达的快速发展始于 2008 年，很难想象在 2008 年的政策调控中，万达正在遭遇危机，资金链相当紧张。2008 年 11 月，"4 万亿"刺激经济政策出台之后，地方政府急于卖地，银行急于放贷，房地产贷款甚至连四证、资本金都不看，只要申请就有。

在很多人都畏于形势不敢拿地的情况下，王健林决定大干一场，"中国建国几十年，这样的机会以后还有吗？"他一声令下，万达仅仅在 2008 年年底就抢了十几个项目，2009 年年初又是十几个，土地的价格低得惊人。在上海、南京这样的一线城市，万达拿到的土地价格每平方米仅 1 000 多元，而 2009 年住宅楼开盘价是地价的十几倍。

万达之所以能够创造今天的格局与其成熟的商业模式有直接关系。万达商业模式的转折源于 2006 年宁波鄞州万达广场的成功。鄞州万达广场建立在一片荒凉的稻田上，前不着村后不着店，万达最初一点把握都没有，最终却取得了超出预期的成功。据王健林称，从这个项目开始万达好像真正懂了商业地产。

宁波鄞州项目的成功解决了两个问题，一是鄞州万达广场的成功坚定了万达进入三线城市的信心，自此之后万达开始向三线城市布局；二是很多品牌商家因为鄞州万达广场的成功对跟随万达开店发展有了更强大的信心。

也是从 2008 年开始，政府开始意识到万达投资对促进经济发展的重大作用，纷纷登门邀请万达投资，万达因此进入了病毒式发展的阶段。2008 年，万达在全国只有 10 家店，2009 年增加了 9 家，2010 年增加了 15 家，从此之后每年递增，到 2015 年年底已经达到惊人的 133 家。

万达的发展速度更像是病毒式裂变，一变二，二变四。"万达的成功主要因为它有符合中国国情的商业模式。"RET 睿意德高级董事王玉珂说。万达发明了城市综合体的商业地产发展模式，即持有型的商业物业配建可售型物业，以销售物业回款来补贴回报率低的商业物业，从而解决发展中资金的问题。现在城市综合体已经在中国泛滥，万达有无数的模仿者，但是都不成功。

2008 年年底，当各大企业开始模仿万达城市综合体的发展模式时，万达已经率先在旅游地产布局。这一年，万达联合联想、泛海等 5 家实力雄厚的企业，一口气签下了长白山、大连金石滩、西双版纳和三亚的旅游地产项目，最小的也有十几平方公里。

2009 年，万达开始打造文化地产项目，首先拿下了位于武昌黄金地段的楚河汉街项目。万达在文化产业的大手笔布局是普通公司难以想象的。与万达签订排他协议的艺术家或者团体包括世界顶级艺术大师马克·费舍尔（Mark Fisher），拉斯维加斯的"O"秀、梦秀导演弗兰克·德贡（Frank Thegon）以及世界最顶级的主题公园设计公司、加拿大福瑞克公司。

在 2014 年昆明万达广场的开业庆典上，王健林透露万达可能进入航空业，这有助于万达在旅游产业的布局，"未来万达也许还是中国最大的旅游集团"。

2015 年 7 月 31 日，万达飞凡 APP 正式上线。一年内，万达累计开放合作项目数 3 000 多个，累计注册会员数 1.2 亿，累计 APP 下载量 1 200 万。

2016 年 8 月 25—26 日，2016 年万达飞凡商业博览会在北京国家会议中心盛大召开。展会设有近 400 个展位，近 200 家万达飞凡商业联盟合作企业参展，8 000 个参会品牌洽谈招商合作。2016 年万达飞凡商业博览会是实体商业领域规模最大的一次行业盛会。

现在的万达已经不是一家简单的地产公司，它已经拥有全球最大的电影院线公司、中国最大的酒店集团、中国最大的百货公司以及中国最大的文化产业集团。

将企业从小做到大是一个长期过程，任何事情都不可能一蹴而就。创业者应当做好心理准备，善始善终，坚持到企业做大的那一天。

13.3
一体化战略

一体化战略是指企业在有目的的把密切联系的经营活动结合在一起，组成一个企业体系，进行控制和支配的战略。一体化战略的基本形式有两种，分别是纵向一体化和横向一体化。本章就来看看一体化战略的运用。

13.3.1 横向一体化：实现规模经济

横向一体化也叫"水平一体化"，意思是说同一行业、处于竞争地位的企业实现联合。横向一体化的实质是资本在同一产业里的集中，目的是实现扩大规模、降低产品成本、巩固市场地位。

横向一体化战略的实施有两种形式，一是并购；二是组成战略联盟。优酷与土豆合并，就是通过并购实施横向一体化战略。

企业实施横向一体化战略，通常有以下五个原因。第一，企业所在行业竞争激烈，为了减少竞争压力，所以进行横向扩张；第二，企业所在行业规模经济较为显著，为了实现规模经济，所以实施横向一体化战略；第三，即将采取的扩张行动不违反《反垄断法》的规定，而且可以小范围内取得一定的垄断地位；第四，企业所在产业增长潜力较大，只有增强自身实力才能获取竞争优势；第五，企业具备实施横向一体化战略所需要的资金、人才、技术等资源。

实施横向一体化战略要求企业遵循四项基本准则，内容如图 13-4 所示。

1	遵守《反垄断法》
2	产业前景好
3	规模经济效应明显
4	人力财力资源充足

图 13-4　实施横向一体化战略的四项基本准则

第一，遵守《反垄断法》。即企业可以在特定的地区或领域获得垄断，但是不能违反《反垄断法》的规定。

第二，产业前景好，即企业所在的产业呈现出增长的趋势。如果不止一个竞争对手因为管理或财务等问题陷入经营困境之中，那说明整个产业的销售总量下降，此时不适合实施横向一体化战略。

第三，规模经济效应明显。企业所在产业的规模经济效应有助于企业提升竞争力。

第四，人力财力资源充足。企业有充足的资金和人才等资源应对管理业务规模扩大后的企业。

13.3.2　纵向一体化：深度发展经营领域

纵向一体化也叫"垂直一体化"，意思是说生产经营过程相互衔接联系的企业实现一体化发展。根据物质流动方向不同，纵向一体化又分为前向一体化和后向一体化。

前向一体化指的是企业获得对下游分销商所有权或者控制权的战略，主要形式是特许经营。实施前向一体化战略要求企业遵循以下六项基本准则：

第一，企业现有分销商的要价高而且不可靠，不能及时满足企业分销产品的要求。

第二，企业现有的合格分销商非常少，如果实施前向一体化战略，竞争力立即增强。

第三，企业所在的产业前景好，预期可获得快速增长。如果企业主营业务所在的产业增长乏力，那么，前向一体化会浪费企业资源，降低企业多元化的能力。

第四，企业拥有实施前向一体化战略，独立销售自身产品所需要的资金、人才等资源。

第五，企业实施前向一体化战略，独立销售自身产品可以更好地预测产品的未来需求，提升产品生产的稳定性。

第六，企业当前的分销商或零售商有很大的获利空间。在这种情况下，企业可以通过实施前向一体化战略独立销售自身产品，然后获得丰厚利润。丰厚的利润会反过来促使企业降低自身产品的价格，提升市场竞争力。

看完前向一体化，再看后向一体化。后向一体化指的是企业获得对供应商的所有权或控制力的战略。实施后向一体化战略要求企业遵循以下 7 个基本准则：

第一，企业现有的供应商要价高、不可靠或者不能满足企业对原材料的需求。

第二，供应商缺乏，但是企业的竞争对手数量很多。

第三，企业所在的产业前景好，预期可获得快速增长。如果企业主营业务所在的产业增长乏力，那么，后向一体化会浪费企业资源，降低企业多元化的能力。

第四，企业拥有实施后向一体化战略，独自从事生产自身需要的原材料这一新业务所需要的资金、人才等资源。

第五，企业实施后向一体化战略，可以稳定原材料的成本，进而达到稳定产品价格以及产品生产的目的。

第六，企业当前的供应商或零售商有很大的获利空间。在这种情况下，企业可以通过实施后向一体化战略生产自身需要的原材料，然后降低大量成本。成本降低促使产品价格降低，可以提升企业的市场竞争力。

第七，企业对原材料或者零部件的需求比较紧急。

纵向一体化战略的实施的优势包括帮助企业节约与上下游购买或销售的交易成本、控制稀缺资源、保证关键投入的质量、获得新客户，但难以避免的

是增加企业内部管理成本。

13.3.3　沃尔玛凭借一体化战略成为全球最大连锁零售商

沃尔玛是全球最大连锁零售商,总部位于美国阿肯色州的本顿维尔。沃尔玛公司(Wal-Mart)建于 1962 年,创始人为山姆·沃尔顿(Sam Walton)。沃尔玛之所以能够成为全球最大的连锁零售商,很重要的原因之一就是实施了纵向一体化战略。下面从前向一体化和后向一体化两个方面来看沃尔玛的扩张。

前向一体化的运用体现在沃尔玛建立了自己的销售组织,使用不同的营销办法来适应不同国家的不同市场需求。从加拿大到阿根廷、再到中国,沃尔玛根据不同国家的风俗习惯调整了所出售的商品种类以及商店陈设。

事实上,沃尔玛并不是第一个进军海外的美国零售商,却是进军海外最成功的美国零售商。西尔斯公司、凯马特公司等都比沃尔玛进军海外早十几年,然而现在的状况可谓惨败不堪。截至 2016 年年底,西尔斯已经在过去 10 年里关了 22% 的分店,预期为了生存,它将关闭更多分店。

在前向一体化战略基础上,沃尔玛还实施了后向一体化战略。后向一体化的运用体现在沃尔玛实行的低成本战略上。后向一体化战略可以降低企业采购原材料的成本、增加原材料的可获得性以及质量控制权,有助于企业消除库存积压和生产率下降的问题。

众所周知,沃尔玛的经营理念是"天天平价"和"保证满意"。"天天平价"所包含的意思就是降低成本。对于零售业来说,成本领先是主导战略,是企业打败竞争对手,赶超领先者的决定性因素。所以,沃尔玛非常重视成本领先,致力于将成本领先转化为一种无法被竞争对手简单模仿的、长期的、深深扎根于企业之中的竞争能力。

通过成本领先,沃尔玛打造出了核心竞争力,即产品低价、种类多、名牌商品比例大、营业成本低、商店环境友善而温馨、市场扩张快以及售后服务优良等。

成本领先的意识在沃尔玛经营的方方面面都有体现,包括商店建设、从供应商手里低价拿货源、通过高速分销系统给各个商店配送商品等。如此一来，沃尔玛节约了大量成本，然后以最低的零售价格将商品卖给商店顾客。

凭借纵向一体化的价值链、产业链以及相关发展战略，沃尔玛一跃成为世界上最大的连锁零售企业，其业务遍布全球各地。此外，沃尔玛在生产、营销等方面也采取了创先独特的战略。